白水iクラシックス

コント・コレクション

科学=宗教という地平

オーギュスト・コント

杉本隆司 訳・解説

白水社

コント・コレクション

科学＝宗教という地平

Auguste Comte

Appendice général du Système de Politique Positive, contenant tous les opuscules primitifs de l'auteur sur la philosophie sociale

目次

組版＝鈴木さゆみ

凡例

一、底本に用いたテキストは、一八五四年の『実証政治学体系』第四巻（*Système de Politique Positive, ou Traité de Sociologie*, t.IV, Paris, 1854）の末尾に合本された*Appendice général du Système de Politique Positive, contenant tous les opuscules primitifs de l'auteur sur la philosophie sociale*, Paris, 1854. を使用した。

一、各論文の原題、参照既訳は次の通り。「科学と科学者の哲学的考察」« Considérations philosophiques sur les sciences et les savants », in *Appendice.*, pp.137-175.（土屋文吾訳「科学および科学者に関する哲学的考察」『世界大思想全集十六　コント・スペンサー』河出書房、一九六〇年、七〇-九八頁）／「精神的権力論」« Considérations sur le pouvoir spirituel », in *ibid.*, pp.176-215.／「ブルセ「興奮論」の検討」« Examen du traité de Broussais sur l'irritation », in *ibid.*, pp.216-228. また、すべての論文について次の英訳本も参照した。Auguste Comte, *Early Political Writings*, edited and translated by H.S. Jones, Cambridge University Press, 1998.

一、各資料の底本に用いたテキストは以下の通り。『社会契約論——産業体制の樹立を目的とした研究の続編』序言〔サン＝シモン〕Saint-Simon, *Suite des travaux ayant pour objet de fonder le système industriel. Du Contrat social*, Paris, 1822, p.5-14.（森博訳『サン＝シモン著作集』恒星社厚生閣、一九八八年、第四巻、四一〇-四一五頁）／『産業者の教理問答——第三分冊』序言〔サン＝シモン〕Saint-Simon, [Avant-propos du] *Catéchisme des industriels, Troisième cahier*, Paris, 1824, pp.1-2.（前掲訳書、第五巻、一三〇-一三一頁）／『実証政治学体系——第一巻第一部』序言〔コント〕Auguste Comte, « Avertissement de l'auteur du *Système de Politique Positive, t.1, première partie* » in *ibid.*, pp.5-8.（前掲訳書、第五巻、一三二-一三四頁）

一、本文中の（　）はコント自身の、〔　〕は訳者の挿入をそれぞれ表す。

一、原文がイタリックの場合、著作の場合を除き、原則として圏点を振った。

一、原注はアステリスク（＊）で示し、各段落の末尾に掲げた。訳注は（１）（２）……の要領で示し、巻末に一括して掲げた。

一、訳注内の（Ａ）、（Ｊ）は、それぞれ以下の校訂版・英訳書の編者の注を参考に訳注を立てたことを示す。*Auguste Comte : Du Pouvoir spirituel*, Pierre Arnaud (Ed.), Paris, 1978 ; H.S. Jones (Ed.and Tra.), *op. cit.*, 1998.

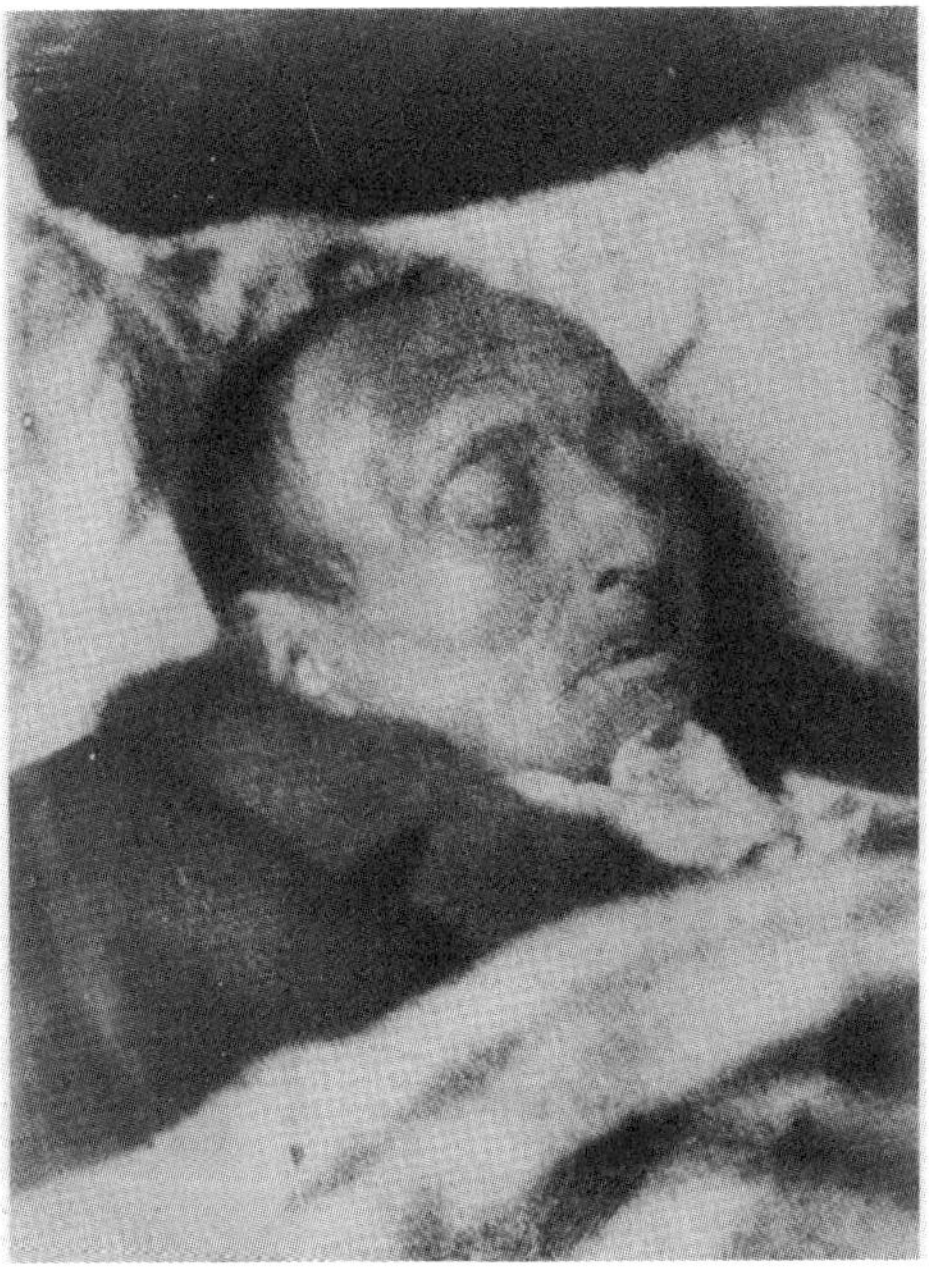

コントの最期（1857年9月5日）

コント・コレクション既刊

ソシオロジーの起源へ＊目次

科学と科学者[1]の哲学的考察

（一八二五年十一月[2]）

コントが暮らしたパリのアパート

人間精神の発展という現象を、合理的方法・経験的方法を問わず全体的に研究してみれば、見た目にはどんなに不規則に映るとしても、その精神の歩みが必然的かつ恒常的に従っている基本法則が見出される。すなわち、人間の知的体系をあらゆる面から検討するなら、それが必然的に神学的性格、形而上学的性格、そして実証的ないし物理的性格という明確に異なった三つの性格を必ず順番に帯びるという法則がそれである。つまり、人間はまず、あらゆる現象は超自然的作因の不断の直接的影響によるものだと考え、次にこれらの現象を物体に内在する抽象的な諸力――しかもはっきり区別される各種の力――の産物だと考えた。そして最後に、こうした現象はある程度の数の恒常的な自然法則、つまり現象の広がりのなかで観察された諸関係のまさしく一般的な表現であるこの自然法則に従っているのだと考えるにとどめるようになったのである。

　文明のさまざまな時期の人間精神の状態を十分に理解している人なら、この一般的事実の正しさを誰しも容易に確認できるだろう。こうした〔知的〕変革がわれわれの思考の大部分で実現されている今日にあっては、この確証はごく簡単な観察を行うだけで得ることができる。個人の教育は、それが自発的である限り、人類《エスペス》の教育と同様の主要な各段階を必然的に表しており、その逆もまたしかりだからである。ところで、今日その時代の高みにある人間なら、誰しも自分が幼少期の頃はおのずと神学者であり、青年期には形而上学者であり、壮年期には物理学者 physicien であったことにすぐに気づくだろう。科学史がはっきりと証明しているように、人類史の全体についても事情は同じだったのである。しかも、人間の思想形成がこうした歩みを辿らねばならなかった理由も説明することができる。

この法則を十分に理解するには、その他の社会的事実と同様、それを二つの観点から検討する必要がある。まず、必然性という生理的《フィジック》観点、つまり人間組織《オルガニザシオン・ユメンヌ》の自然法則にそれが由来しているという点。次に、不可欠性という精神的観点、つまり人間精神の発展に適した唯一の在り方であるという点である。

第一の観点から、この法則を理解するのは容易である。

自然の抗いがたい性質上、人類は物理学者となる前に神学者であった。人間は自分以外の存在の行動パターンを理解しようとする場合、彼がそれに対して抱く感情を通して、自分だったらどう振る舞うかということを唯一の拠り所とする。それゆえこうした人間は、外的物体が自分にどのような反応を示しているのか、あるいは外的物体同士がどのような作用を及ぼし合っているのかを、同様の方法で思い描くことになる。なぜなら、人間はこうした反応や作用の結果しか直接には知覚できないからである。観察が進歩して、こうした現象の動きと人間自身のそれとの間の明確な相違がはっきり認識されるようになるまでは、少なくとも人間はこのように外的物体を考えざるをえないのである。のちに、こうした人間がもしこの点に関する自分の考えを改める場合があるとすれば、経験と省察を重ねてかつての幻想から目覚め、現象の発生様式などという人間がその本性上永遠に知りえるはずのない謎の解明を完全に断念し、現象の現実法則の観察に自制する以外にはないであろう。というのも、われわれがあらゆる実証的観念を獲得した今日においてさえ、たとえ最も単純な現象であっても、われわれが原因と呼ぶ事実がいかなる力によってわれわれが結果と呼ぶ事実を生み出すのかを考えようとすると、バルテス(3)がヒュームの〔因果律批判の〕考えを敷延していみじくも指摘したように、われわれは人間の最初の理論に基礎として役立った比喩《イマージュ》と同じものを否応なくこしらえてしまうからである。

したがって人間は、自分の注意を引くすべての物体を自分の生命に似た生命、しかもそれらの多くが自分よりも強力な働きをするがゆえに、概して一段と優れた生命を持つ生物としてまずはみなす。続いて人間は観察の発達により、この最初の仮説を、それぞれ独立した目に見えないある程度の数の超人間的作因――その作因が帯びる性格と権限は当の作因が影響を及ぼす現象の種類と範囲に対応する――が支配する生命なき自然という一時的な仮説へと置き換える。この理論は、当初は外的物体の現象にしか適用されなかったが、その後人々の考察が人間や社会にも向けられるようになると、そうした現象にまで広げられることになった。この時に神学的哲学は真の一貫性を獲得し、人間精神の進歩に大きな影響を及ぼし始めたのである。

しかし、自然の認識が必然的かつ不断に改善されるようになるや、直ちにこの体系は修正を加えられ、ついには解体されることになった。

ただ正確にいえば、人間は決して完全に神学者だったわけではない。アダム・スミスが見事に論じたように、[*] 原初の人間でさえどう見ても自然法則に従っていると考えた、極めて単純でかなりの規則性を持った現象もいくつか存在したからである。ただ、こうした現象は当初ははるかに数も少なかったし、重要なものでもなかった。だからそれ以外の現象に関しては、人間が物理的に物事を考えることができなかった間は、ひたすら神学的な説明に頼りきっていたということができる。というのも、物理的な考え方が可能となって初めて、人間はもっぱらその他の現象にも取り組めるようになったからである。

* 彼の『遺稿集』に収められている論文「天文学史」を参照のこと。この著作は大陸ではほとんど知られておらず、概してその真価も認められていないが、ヒュームの著作を除けば、スコットランド哲学の作品のなかでも優れて実証的な性格を有している。この著作は当時としては極めて注目すべき作品であったが、今日でもそれを検討すれば実り多いことであろう。

まず人間精神は、より高度な一般性が現象間の関係に導入されるに従って、当初は複数の超自然的作因を必要としたもろもろの作用をたった一つの作因へとまとめ上げ、超自然的作因の数を漸次減らしていった。観察の進歩による最初の影響がこれである。この影響はその極限まで押し進められ、ついには神学体系を一つに統合して単純化するまでに至ったのである。

このように人間精神はまずフェティシズムから多神教に、ついで多神教から有神論へと導かれたわけだが、[4] この時代以降もそれと同じ原理の継続的な働きにより、人間精神は、実証法則がまだ知られていない諸現象の制御だけは超自然的大原因〔神〕に留保しつつ、次第に狭められた限界内にこの超自然的大原因の直接的介入〔啓示〕を抑え込んだ。その他の現象については、法則が発見されたおかげで現象の正確な予見が可能となり、特殊な神学理論よりも一段と効果的に現象に対処できるようになった結果、人間は日々の思索において次第に神学理論には頼らなくなり、予見と活動という人間の二大欲求を最も満たす理論を率先して用いるようになった。そしてついに、自然の諸概念が十分な広がりと一般性を獲得して（つまり現代がそうである）、われわれの手段を実際に利用できる研究領域をいくつかの重要な点ですべてカバーするに及び、人間精神は、ある程度の数の現象にしか検証されないことを、未知なものを含めたあらゆる現象にまで類推によって押し広げ、自然の諸概念がすべて恒常的な物理法則――この法則をさらに精確に見出すことがいまやわれわれの思索研究の唯一の合理的目的である――に従っているのだと考えるようになったのである。このように、神学的方法は当時まで完全に廃れてしまったわけではなかったが、われわれの研究にはもはや使い物にならないとみなされ、もっぱら実証的方法がわれわれの思索活動を全面的に導き始めることになったのである。

以上、こうした大変革は避けがたい一事実であった点を理解したところで、次に説明すべきは、こうした歩みが人間理性の発展に不可欠であったのはなぜかという点である。神学的哲学や形而上学的哲学が研究手段として有用であるとか、いわんやそれが必要であるなどとは、どんな時代であってもとても考えられないほど、今日の実証哲学は人心に対する影響力を獲得している。この二つの哲学、とりわけ神学的哲学はほぼ全面的に人間精神の錯乱であるかのようにみなされているが、こうした錯乱は不可避的だと考えるごく少数の人々によってさえ、そう思われているのである。したがって、この本質的な論点に対する考え方を改める必要がある。というのも、この点をはっきりさせなければ、三つの哲学の継起的法則を理解しようにもどこまでも不完全なものにならざるをえず、その法則を適用する範囲と価値もひどく制限されてしまうだろう。おそらく次の点を確認しておくのが重要である。すなわち、今日まで人間精神は白痴の状態にあったわけではなく、少なくともその全体的な歩みを視野に収めるならば、人間精神は自らの進歩に最も有利となる方法を各時代ごとにいつも利用してきたのである。

今日において、事実の観察こそ人間の知識の唯一強固な基礎であることはまず疑いを容れない。この原則をできる限り厳密に理解するなら、特殊的であれ、一般的であれ、そうした事実の単なる記述に還元できないような命題はすべて、現実的意味も理解可能な意味もなんら持ちえないとさえいうことができる。ただし、想像力の発達のほうが観察能力の発達よりも必然的に先行するのは確かである。こうした順序を辿るのは個人の教育が辿る順序とまさに同じ理由によるものであり、まして人類《エスペス》の教育となればこの順序はなおのこと欠かせないからである。

実証的方法は確かに、その手順としては最も確実な方法であるばかりか、唯一の方法であるとさえいってよい。しかしその反面、その歩みは最も緩慢であるため、人間精神の幼年期にはまったく適していないのである。われわれの知性が久しく活発に働くようになった時代でさえ、こうした不都合がもし感じられるとすれば、原初の人々が苦労していた時代の不都合さはいかばかりのものであったのかが、おわかりいただけよう。最初の頃の自然法則はその発見に最も長い時間を要する法則であっただけに、こうした方法が少しでも可能となるためには、なおのこと一連の観察が事前に必要だったのである。これに対して、絶対的経験主義(5)は誰がなんと言おうと不可能である。人間はその性質上、ある一定の解釈のもとに事実を置かなければ、もろもろの事実を組み合わせてそこからいくつかの帰結を導き出すことはもちろん、単にこれらの事実を注意深く観察して、それらを正確に繋ぎ合わせることさえできないからである。要するに、一連の観察なくして実証理論がありえないように、何らかの理論なくして一連の観察もありえないのである。それゆえこれは自明なことだが、もし現象を合理的に考えるために、諸現象の連鎖やその探求手法が現象の観察自体から生じるのを待つ必要があったとしたら、人間の能力は間違いなく永遠の昏睡状態にとどまり続けていたであろう。このように自然発生的に発達可能な唯一の方法、つまり神学的方法だけが人間精神の最初の進歩を生み出すことができたのであり、しかもこの方法だけが、最初のもろもろの事実を即座に分類する一つの理論を原初の人間に与える重要な性質を有していたのである。その理論は確かに仮そめの、漠然とした気ままなものではあったが、手近にあるこの簡便な理論のおかげで、われわれ人間は、自らの観察能力を養いながら実証哲学の時代を準備することが可能となったのである。

この大きなテーマに関して、ここで少しでも詳しく立ち入ることができるなら、次のことがはっきりと了解されよう。すなわち、神学的哲学は、それを全体的に眺めてみれば、実証的方法の展開を準備する上で不可欠であっただけでなく、この哲学の経てきたさまざまな改善は、観察の進歩の産物であったとはいえ、その抗しがたい反作用として、逆にその観察の進歩自体の促進にも大いに貢献したという事実である。この種の事実のうちで最も顕著なものだけを取り上げてみても明らかなように、もし多神教から有神論への移行が起こらなかったら、これらの自発的諸理論がその本来の展開を遂げることはまず不可能であっただろう。神学的哲学によるこうした感嘆すべき単純化のおかげで、巨大な超自然的権能〔神〕の作用は各個別のケースごとに、いくつかの一般的権限――その性格はどうしても漠然としていたが――に整理されていくことになった。これにより、人間精神は各現象の物理法則をこの権能の作用様態として研究することが完全に可能となったばかりでなく、そのように研究するよう強く促されさえしたのである。これに対して、この時代以前においては、知性は実証研究を目指そうにも、最も単純なものを含むすべての現象において、微に入り細を穿つ特殊な神学的解釈とことごとく衝突したために、物理学者はすべて背教者とならざるをえなかったのである。

最初の頃は神学的哲学だけが唯一可能な哲学であったことに加えて、人間精神が最初に取り組まざるをえなかった研究の性質に順応できたのもこの哲学だけだったという点も考慮するなら、われわれが検討してきた「人間精神の」歩みはさらにはっきりする。

人間が自分の能力の及ぶ本来の範囲を知ることができるようになったのは、もっぱらその能力の行使自体に由来する経験のおかげである。当初、人間は自分の能力の範囲を誇大視する傾向を常に有していた。それゆえこうした傾向は、自然法則が知られていなかったせいで、いわば恣意的な作用を外界にまで及ぼせるのではないかという期待を人間に抱かせるほど、大いに強められていったのである。このような知性の状態においては、人間精神が取り組むに値するのは、存在の内的性質や、宇宙とその全現象の始原と終局に関する研究以外にはないと思われた。事実、それを果たせるのはこうした研究をおいてほかになかったのである。世人は、こうした無謀な企てがこれほどひどい無知と結託しているのを知って、まずは驚きを隠せないであろう。しかし、よくよく考えてみればわかるように、その他の問題をすべて内包するほどのこうした大きな問いがとりわけ当時の人間の知性に強い問題関心を呼び起こさず、しかもその関心と不可分である無限の権能に対する空想的な願望を人々が抱くことさえなかったとしたら、最初期の人間の知性を純粋な理論研究へと誘い、それを支援するほどの強力な動機をそれ以外に思いつくことがはたして可能であっただろうか。天文学の領域ではケプラーが、占星術にはこうした〔理論研究への転換の〕必要性があるとはっきり感じ取り、化学の領域ではベルトレ[6]が錬金術に関して同様の指摘を行った。ただこうした説明がどうであれ、神学的哲学だけが人間精神の原初状態に唯一適合的である理由を明らかにしたいのであれば、議論の余地のない事実そのものを示せば十分であろう。というのも、かように巨大な問いは人間にはまず解決不能であると考えるのが、何よりも実証哲学の第一の特徴だからである。実証哲学は、現象の第一原因と究極原因〔目的因〕の探究を人間の知性に禁じて、知性の活動領域を現実の諸現象の関係性の発見だけに限定する哲学である。そうだとすれば、人間精神は、たとえ最初にこの二つの方法〔神学的方法と実証的方法〕の選択が可能であったとしても、原初の人間の知的欲求の広がりとその活発な働きに――人間精神の歩みが緩慢であることやその前途に対する期待の低さのせいで――ほとんど対応できない方法〔実証的方法〕のほうを躊躇わず唾棄したであろうことはすぐに了解できよう。

それゆえ人間精神の発展の哲学的諸条件だけを考えるなら、人間精神は実証的方法に従う前は長いこと神学的方法に頼らざるをえなかったことが以上の考察から証明されるのである。しかも、人類の知的教育にとって哲学的諸条件に劣らぬほど重要である政治的諸条件も考慮に入れるなら、この順序の必然性は一段とはっきりとする。

人間の精神的発展をその世俗的発展と区別して研究したり、社会の発展を無視して人間精神の発展を研究することは、それが必要だとしても、どこまでも一つの抽象でしかない。なぜなら、この二つの発展には区別があるとはいえ互いに依存しており、むしろ両者に欠かせない恒常的影響を互いに与えているからである。

人間知性の涵養は社会内でしか、社会を介してしか実現しえないということを、一般的に感じるだけでは不十分である。それに加えて、人間の精神的進歩の性格と速度は各時代の社会関係の性質と範囲によって決定され、逆もまたそうである点を認めなければならない。たとえば、各人が自分の生存の糧を常に自分で手に入れなければならない〔自給自足の〕社会状態では、人間精神の現実的・恒常的な進歩という考えを思い描くことなど不可能であった点については、今日では人の知るところである。というのも、理論と実践の区別こそ人間の改善の一般的原因であるのに、当時は両者を区別する余地など一切なかったからである。しかし、遊牧民はもちろん、遊牧時代の困難を克服した生活様式を有する農耕民でさえ、こうした基本条件〔理論と実践の区別〕を常に満たしていたかといえば決してそうではない。そのためには、物質的な生産や戦争にかかずらう必要のない、もっぱら自然の思索に従事できる人々の階級が一様に形成できるほど社会組織が十分に発達している必要があるからである。要するに、この点はもちろん、それ以外のやはり重要な多くの点からみても、人間の知識の形成には、あらかじめ社会状態がすでにかなり複雑化していることがその条件となるのである。また他方において、初期の頃は著しかったもろもろの個人的性向の対立を克服し、それらを安定した秩序のためにすべて協力させることのできるなんらかの思想体系の影響がなければ、現実的で結束力のあるどんな社会を作ることも、維持することもできるものではない。したがって、当時こうした〔社会形成の〕役目を主に果たすことができたのは、現実的知識の発展に不可欠な腰を据えた準備作業——しかも一様で申し分のない政治秩序が十分に継続していることがその作業の条件である——をその性質上あらかじめ必要としない哲学理論〔神学的哲学〕しかありえなかったのである。他の哲学にはみられない神学的哲学の有する見事な特徴とは以上の通りである。どんな社会組織であれ、その最初の樹立は否応なくこの神学的哲学のおかげである。諸国民が幼年状態にあった時代に、この哲学だけが人心に及ぼすことのできたこの力強い優れた影響がもしなかったとしたら、人間の能力の飛躍をある一定のレベルまで可能とし、それを支える不変の序列など一切考えられなかったであろう。ここでのわれわれの関心からすれば、戦士や奴隷のような人々のただなかにあって、神学的教義の支配力のほかにどのような力が、知的研究にひたすら従事する集団《コルポラシオン》の存続を可能とし、それを維持させることができただろうか？　ましてやその支配力以外に、社会の安定にとってはもちろんその集団の最初の活動にも欠かせない優越性をそれに保障してくれるものなどあっただろうか？

このように、精神的条件や政治的条件といった人間精神発展の諸条件を考慮するなら、人間精神は実証哲学に到達する前にまずは神学的哲学から必然的に始まったことがわかるだろう。そしてこれもまた同じ確信を持って言えることだが、人間精神が神学的哲学から実証哲学へ移行するには、形而上学的哲学を用いるほかにやりようがなかったこともすぐに了解できるのである。

神学的観念と実証的観念の有する性格は水と油ほどの違いがあるために、ほとんど感じ取れないレベルでしか前進できない人間精神にとって、媒介物を一切介さずに神学的観念から実証的観念へ移行するのは至難の業である。そこで形而上学的観念が不可欠な媒介物となったのであり、またそうならざるをえなかったのである。というのもこの観念は、神学と物理学の混血児、あるいはむしろ物理学によって修正された神学にすぎないので、その性質上、こうした媒介作業――形而上学的観念の利用価値はすべてこれに尽きる――に優れて適していたからである。

神学的哲学は全現象の根本的起源に直接に身を置いて、何よりもまずその発生原因の解明に専念しようとする。それに対して、〔万象の〕原因に接近するのは人間精神にとって不可能であると宣言する実証哲学は、かかる原因の探究を一切放擲し、もっぱら法則、すなわち諸事実が互いに有する類似と継起の恒常的関係の発見にのみ専心する。したがって、この二つの観点を媒介するのが、各現象をそれに固有の抽象的な一つの力の産物だと考える形而上学的観点である。ところで超自然的原因は人間精神によって説明手段としては次第に追放されていくことになるが、この〔形而上学的〕方法は、そうしたもろもろの超自然的原因を念頭に置かずとも、たやすく諸現象を合理的に推論できるところに価値がある。

実際、この変化はあらゆる知的方面において以上のような順序を経て行われてきた。観察の進歩のおかげで神学的観念を一般化して単純化できるようになると、人間は個々の現象ごとに昔の超自然的作因をそれに対応する実体に置き換えて、それ以降は、もっぱらこの実体の考察に専念するようになった。これらの実体は当初、至高の力の流出のようなものと考えられた。しかし、そうした実体は性格が曖昧だったために、自然の認識の発展によってこの種の説明の空虚さが明らかになり、別の説明に代替可能となるにつれて、最終的にはもはや諸現象の抽象名詞のようにしかみなされないほどまでに精神化されることになったのである。このように形而上学は、神学から物理学への自然的かつ不可欠な移行手段であった。形而上学の勝利は、神学の没落と物理学の興隆の疑いえない証左であると同時に、それらの直接的原因でもあったのである。

以上のさまざまな考察から、神学と形而上学の両理論は人間精神にとって不可欠な前提であったことがはっきり証明されるとすれば、それと同様に、これらの教義がそれ以外のいかなる自然の進路も採りえなかった――なぜなら両理論の発展は実証理論へ向かう不断の漸次的傾向にほかならないから――ことについても、その考察ははっきりと示している。この両理論は、人間理性の幼年期の指導に適していたというまさにこの事実からしても、逆にいえば人間理性が成熟期に達した場合には、その指南役には不適格とならざるをえない。人間精神はそれが完全に一度放棄した理論に決して戻ることはない。ある方法の効力と影響は、その方法が適用される数とその広がりによって測られる。だから、何も生み出さない影響力なき手段はほどなく撤廃されることになる。ところで、少なくともここ二世紀来、人間知性の初期の試みをこれまで導いてきた神学と形而上学の方法が完全に不毛となり、逆にこの時代以降、人間精神の最大の栄誉となる最も広範で重要な発見がもっぱら実証的方法のおかげで実現されてきたとすれば、こうした事実だけでも、今後は人間の思索の指南役が実証的方法に委ねられるのは明らかである。*

＊　十六世紀末に、すでにベーコンは神学思想を、神に奉献されて石女になった処女になぞらえている〔『学問の尊厳と進歩』一六二三年〕。今日でも彼なら間違いなく、その不毛さがやはり露《あらわ》になった形而上学思想に同様の比喩を当てたことだろう。

これまでに神学と形而上学によってなされた重要かつ無数の役割をすべて無視するなら話は別だが、そうでなければ、人間精神がいつまでも神統記を編み続ける運命にあるわけでも、贅語の羅列で満足する定めにあるわけでもないことを、われわれは認めるべきである。自然法則を可能な限り正確かつ完全に認識することや、したがって人類が外界に働きかける活動を研究することは、予備教育を終えた後の人間精神が絶えず目指すべき真の努力目標である。それゆえ実証哲学は人間の最終状態であり、人間の知性の活動が続く限り必然的に継続する。いくつかの大法則の発見によって実証哲学が形成され始めるや、すぐさま最上の精神の持ち主たちはいそいそと現実的で正確な知識の十全な知的充足を得るために、神学と形而上学が彼らに与えてきた崇高で絶対的な学問の極めて魅力的な期待を驚くほどあっさりと各方面で放棄したが、それほどまでにわれわれが実証哲学に抱く魅力というのはかくも人間の知的欲求の性質と完璧に一致しているのである。最も遅れた知性の持ち主たちの間でさえ、多様な形で絶えず現れている一つの傾向を確認するには、おそらく今日では多言を要すまい。つまり、実証的観念が曖味な神秘的観念と競合した時は、常に神秘的観念に対する嫌悪感が直ちに表明されてきたのである。*

* 用語法は、それを歴史的に検討するなら人間精神のもろもろの変革を正確に表している点で、この変革の極めて明白な証拠をわれわれに与えてくれる。学問 sciences という言葉は、最初は神学的・形而上学的思弁にしか適用されなかったが、その後、その思弁から生まれた純粋な学識研究にも適用されるようになり、今日ではもはや通俗的な意味においてさえ、この言葉だけで実証的知識のことしか指さなくなった。これとは別の意味をこの言葉に与えようとすると、それをわかってもらうには回りくどい言い方に頼らざるをえなくなっている。この事実がはっきり示しているのは、そうしなければならないほど、現在の公衆の間でさえ真の知識 savoir はそこ〔実証的知識〕にしかないと思われているということである。

以上、これまでのすべての考察から導かれてくるのが、冒頭で示した一般的事実、すなわち人間精神はその性質上、それが作用するすべての部門で神学状態、形而上学状態、そして実証状態というそれぞれ異なる三つの理論的状態を順次通過するというこの一般的事実の理論的かつ経験的な証明である。神学状態は予備的状態であり、形而上学状態は過渡的状態であり、実証状態は最終状態である。

私見によれば、今日この基本法則は、人間と社会に関するあらゆる哲学研究の出発点となるべきものである。

神学理論と形而上学理論はある一定の活動力を、ないしは少なくとも十分大きな影響をなおも保っているので、この重大な変革がまだ完遂されていないのは明白である。では現在、それはどこまで進んでいるのか？　その実現のためにはさらに何をすべきなのか？　以下ではこうした点を検討しなければならない。

この大変革がこれまでどのような一連の仕事を通じて行われてきたのかについては、ここでその説明を行うのは場違いである。ただ、そのイメージを摑みたいなら、真に実証的な哲学、つまり自然哲学の性格を当時まで多少とも歪めてきた神学的・形而上学的寄せ集めから完全に解放されたこの哲学の直接的淵源は、まさにベーコンの教訓、デカルトの思想、そしてガリレオの発見が人間精神に及ぼしてきた運動（この運動もまたそれ以前の全仕事の必然的な最終的成果にほかならない）に必然的に帰着する点を指摘するだけで十分である。

われわれの知識の多様な部門が最終的に実証状態に到達したのは、この記念すべき時代以降の二百年の間のことである。しかし、この移行が実現したプロセスの検討は、われわれの現在のテーマにとってあまり重要ではない。それよりもここで注意深く観察する必要があるのは、われわれの有する多様な観念的区分《クラス》はどのような順序でこの変化を受け入れたのかという点である。というのも、これを知ることは、先に開陳した法則〔三状態法則〕の認識を完璧にするためにも欠かせないからである。

この点については、極めて単純かつ自然な歩みが見て取れる。

われわれのさまざまな観念は、そのなかでまず神学的になり、次いで形而上学的になったのと同じ順番で、逐次実証的になっていった。この順序は、これらの観念がそれぞれ対象としている現象を研究する際の難易度に準じている。つまり、現象の複雑さの大小、現象の独立性の高低、現象の特殊性の程度、そして現象の人間との関係の強弱によって決定されており、この四つの理由はそれぞれ個別の影響を有してはいるが、根本的には不可分なものである。ところで、今日われわれの理解しているような、現象の性質が命ずる分類法《クラシフィカシオン》が実はこれなのである。

同時に最も単純かつ一般的であり、しかも最も人間とは遠い関係にあるのが天文学的現象である。この現象は、少なくとも人間に知覚できるレベルでは、その他の現象の影響を被ることはなく、〔一方的に〕その他全現象に影響を与えている。この現象が従う唯一の法則は、自然界で最も普遍的な引力法則だけである。天文学的現象の次に来るのが、いわゆる地上物理学の現象である。この現象は天文学的現象の複雑化したものであることに加え、それが従っている特殊法則も〔天文学に比べれば〕現象の結果内に局限されている。この次に来るのが化学現象である。この現象は個々の現象間で互いに依存し合い、そこには類縁法則という新しい一連の法則も認められるが、その影響は〔物理学に比べれば〕さほど広くはない。そして最後に来るのが生理学的現象である。ここにおいては、天体物理学、地上物理学、化学のすべての法則が観察されるが、それらの法則は、生理学的現象に固有なその他の法則――その影響は〔化学より〕さらに一段と限られている――によって修正を受けることになる。(7)

以上の簡単な指摘から次の二つのことが言える。まず、先ほど定めた三つの一般的状態のいずれのもとでも、人間の行う概念化の作業は、この百科全書的序列〔天文学、物理学、化学、生理学〕で言えば時代的に後に属する諸現象にまではまだ手が届かない段階でも、前のほうに属する現象は後続の現象とは独立しているので、先行現象に関しては十分に展開できたということ。次にこれとは逆に、この概念化の作業は、ある程度の確実性が先行現象であらかじめ確保されていない限り、時代的に後に属する後続現象――この現象の影響はどんな理論でも必ず考慮に入れる必要がある――においては開始できなかったということである。それゆえ、この分類は三つの哲学それぞれの発展の順序を否応なく規定している。この原理と事実が一致していることは容易に確認可能であり、とりわけ実証哲学の場合はそうである。実証哲学の形成はそれがごく最近であった点で、〔他の二つの哲学よりも〕一段と緩慢だったのはもちろん、その時間的なインターバルも明白だからである。

この観点からここ二百年の人間精神の歩みを観察するなら、確かに天文学が最初に実証科学となり、その後、物理学、化学、そして最後に今日では生理学がそうなったということがわかる。これが知性の発展の現状である。

現在この大変革が到達している本当の時代をしかるべく正確に認識するには、最終科学〔生理学〕のなかで知的・情操的機能に関わる部門を、その他の有機的機能に関わる部門から区別する必要がある。

精神現象が神学と形而上学の領域を脱出して物理学の領域に入るのは、それ以外のすべての現象の後である。先ほど論証した百科全書的序列に従えば、確かにこれほど自然なことはない。ただ精神現象の場合、その〔物理学への〕移行はこうした避けがたい事情のためにあまりはっきりと感じられず、しかも大部分の才人たちにもいまだに気づかれていないのだが、しかしそれでもやはりこの移行は明らかである。真に現代の水準にある人であれば、今日の生理学者たちが精神現象をその他の動物的現象とあくまで同じ考え方で捉えていることを、誰しも事実として知っている。また、極めて幅広い研究がこの方面ですでに試みられてきたし、二十年以上にもわたって今も熱心に続けられている。(8) だから多少なりとも実り豊かな実証的諸観念が生み出され、その観念を発展・流通させるためにいろいろな学派がおのずと形成されてきた。要するに、精神的生理学に関しても、人間の活動のあらゆる特徴が明瞭に見て取れるようになったのである。知的・情操的を問わず、さまざまな機能の場である器官の種類、数、範囲、相互作用に関して今日覇を争っている多様な意見のいずれかにここで賛否を決するには及ばない。なるほど、この論点については、科学はなおもその決定的な基礎を持っておらず、しかも大変貴重だとはいえ不十分ないくつかの一般性のほかにはなんら強固な確証も有していない。しかし、このように理論の相違があるという事実自体が、どんな科学も誕生時には避けがたい不確実性のあることを示しており、少なくとも人類の前衛《アヴァンギャルド》をなしている人々——つまり早晩大衆の指針となる人々——の間では、その他すべての部門と同様、人間の知識のこの部門〔精神的生理学〕でも哲学的大変革が起こっていることを明瞭に物語っている。なぜなら、意見の対立が生じているとしても、実証的方法はどちらの側にも容認可能な唯一の手段だとみなされているからである。たとえば、解剖学的観点を生理学的観点と結びつける物理理論の構築は、どんなに意見が異なっていても、共通の合理的目的と考えられている。また、神学と形而上学はこの問題から追放されていること、少なくともそこではいかなる重要な役割も果たしていないという認識でも一致している。しかも、その論争の結論が最終的にどうであれ、神学と形而上学の働きは論争を通じてさらに縮減されていくよりほかにない。要するに、いまや科学の領域に議論が絞られるようになったために、もはや哲学はそこには関与していないのである。

私が特に強調しておきたかったのはこの最後の哲学的事実である。その理由は第一に、この事実はまだほとんど指摘されておらず、しばしば否認すらされているからである。そして特に第二の理由としては、この最後の指摘は私の科学分類を十分に理解した人にとって、間接的であるとはいえ疑いえないその新たな証拠を示していると同時に、知的大変革の極めて正確な全体的概要を示しているからである。

以上、実証哲学の形成が今日どの程度まで進んでいるのかを事実によって論証したので、続いてその完成までになおも残された課題について検討しなければならない。

この問いに対する回答は、現象の自然の系列《セリー》から、いわばおのずと与えられる。観察に基づく四つの大分類〔天文学、物理学、化学、生理学〕を先ほど打ち立てたが、これらの区分は、現実的諸存在を検討するのに可能な観点のすべてを、少なくとも明示的には含んでいなかった。社会的な存在、とりわけ人間に対する社会的観点を明らかに欠いていたからである。しかしこれも同様に明らかなことだが、欠落はこれだけである。したがって、われわれは今のところ天体物理学、力学的および化学的な地上物理学、植物物理学、動物物理学を有しているが、人間の自然認識の体系を完成させるには、最後の物理学、つまり社会物理学《ラ・フィジック・ソシアル》がやはり必要となるのである。この条件が満たされれば、われわれは人間のあらゆる多様な観念の一般的見取図を使って、人間の知性が実際に求めるものをすべて満たすことのできる真の実証哲学をついに創始できよう。そうなればこの瞬間から、人間の思索はもはや神学的方法や形而上学的方法に一切頼る必要はなくなり、最後の利用価値も失ったこの二つの方法はもはや単なる歴史的存在にすぎなくなるであろう。要するに、人類はその知的教育をすべて修了し、今後はその最終的進路を一直線に歩むことになる。

この重要な考察は以下でさらに詳述すべきだろう。

自然哲学のこの最終部門〔社会物理学〕の特殊な精神と独特な方法をあますところなく特徴づけることは、ここでは制約もあって到底叶うものではない。ただあらゆる混乱を避けるためにここでは次の点だけ言及するにとどめよう。すなわち、私が社会物理学という言葉で理解しているのは、社会現象の研究*を固有のテーマとする科学のことであり、それによれば、社会現象も、天体現象や物理現象、化学現象や生理現象と同じ考え方で、つまりあくまで研究の主眼がその発見に置かれるような不変の自然法則に従っているものとみなされねばならないということである。したがって、社会物理学は何よりもまず、人類の発展という巨大な現象を、その発展のあらゆる主要な局面からできるだけ正確に説明しようと試みる。つまり、人類はどのような漸次的変化の必然的連鎖を経て、類人猿の社会状態をわずかに超える程度の状態から、今日の人類が文明ヨーロッパで占めている地位にまで一歩ずつ辿ってきたのかを解明しようとする。この科学の精神はとりわけ、過去の状態を深く研究することによって、現在の状態をありのままに説明し、未来の状態を全体的に提示することにある。社会的事実を賛美や非難の対象としてではなく、常に観察の対象として検討しようとするこの社会物理学は、もっぱら社会的事実の相互関係の論証や、人類発展の総体に個々の事実がどのような影響を及ぼしたのかの解明に専念する。さらに実践面との関係でいえば、この科学は、さまざまな制度から善悪二元の絶対思想をすべて排除しながら、どんな制度も社会の所与の状態に常に相対的であり、それと共に変化するものであると考える。同時にこの科学はまた、これらの制度があらゆる直接的な政治的干渉とは無関係に常に先行する時代の影響によってのみ、おのずと確立されてきたものと考える。したがって、社会物理学の応用研究は、直接的観察によって配列された文明の自然法則に従って、各時代に固有のさまざまな傾向を解明することに集約されるのである。ここから得られた成果が、今度は政治家たちの仕事の実証的な出発点となる。というのも、事物の自然な流れが予見できない場合に生じる重大な――程度の差はあれ――危機をできる限り回避、ないし少なくとも緩和するためには、この基本データに対応する実践的政体を発見し、定めること以外に、もはや彼らにとって現実的な目的はないからである。要するに、その他の現象と同様、この社会現象においても、科学は予見へと導き、予見は適正な活動を可能にするのである。

* この社会現象も、人間の現象である限りで確かに生理学的現象に含まれる。この理由から社会物理学が個人の生理学にその出発点を必然的に置かざるをえず、しかも個人の生理学と継続的な関係を維持せざるをえない。だがそれにもかかわらず、社会物理学は人間の世代間の漸進的な相互影響のゆえに、完全に個別の科学として構想・研究されねばならない。この漸進的影響は社会物理学の特権的な考察対象なので、純粋に生理学的な観点からは適切に研究することはできないだろう。

社会物理学の性格に関する以上の叙述は、当然にも極めて不完全なものとならざるをえず、この概論を多少とも価値あるものにするには、上述のほかに、この科学に固有の実証的方法を特徴づけている基本原理を手短に指摘しておくべきであろう。この基本原理によれば、社会法則を研究する際の精神的な歩みは必ず全体的なものから特殊なものへと進まなければならない。これを言い換えるなら、人類のすべての展開を、まずはごく少数の連鎖する諸状態にだけ区切って、その全体を考察するところから開始し、続いて少数の状態の間に区切りを増やしながら、この大系列の諸項を単なる一世代間の区別とするほどの――それが自然の限界である――

厳密なレベルにまで一段ずつ下降していかなければならないということである。この手続きは、本質的に有機体の物理学の全部門に共通するものであるが、とりわけ社会物理学においては必須である。*

* しかも、もし上記で展開した基本法則が疑いなく論証済みのものだと想定するのであれば、社会物理学の構成要素は何かという点は、事実自体によって極めて明瞭かつ容易に了解できるだろう。というのも、このように〔三状態法則は論証済みだと〕想定するなら、この科学は事実上すでに開始しているからである。この基本法則の発見は、もしその法則の正確性が認められるのであれば、社会物理学における最初の第一歩となるであろう。なぜなら、その発見は、社会現象の可能な限り一般的な最初の自然的連鎖を示しているからである。

人間の実証的知識の体系の仕上げを目的とした新たな物理科学の性質とは、私がここで示しうる限りでは、以上の通りである。〔社会物理学の〕考え方をはっきりさせるために必要だと判断した定義は与えたので、自然哲学のこの最終部門がなぜこれまで作られなかったのか、そして今日になってなぜ開始しなければならなかったのかを説明するのは容易である。

社会理論を純哲学的観点だけから検討してみると、先ほど論証した〔学問〕形成の法則に従えば、それは他のどの理論にもまして長い間、神学的性格と形而上学的性格を纏わざるをえなかった。なぜなら、それが対象とする現象は、同時に最も複雑かつ特殊、しかも人間に最も身近で、その他すべての現象に依存している点で、わが百科全書的序列でいえば当然にも最後の段階を占めるからである。人間精神が人間組織《オルガニザシオン・ユメンヌ》の基本法則の知識をあらかじめ十分に幅広く渉猟することもせず、社会現象に関する実証的観念にまで上昇したと考えるのは、まず無理な話であろう。この基本法則の知識自体も、今度はそれを獲得するには、あらかじめ無機的世界の主要法則を発見しておかなければならない。しかもこの無機的世界の法則も、人間社会の性格とその存在条件に対して直接の影響を及ぼしているのである。

自然法則の考察に慣れ親しんでいる読者であれば、この普遍的で根本的な関係の持つその全体的な広がりと支配力について容易に察しがつくであろう。最も典型的な事例——つまりその関係が最も本質的な事例——だけをここで挙げるなら、天文学的現象は、その一般性が最大であるために、社会現象に対して支配的な影響を及ぼしていることは容易に得心できる。天体現象の法則は、それがちょっとしたわずかな変化でも受けようものなら、間違いなく人間社会の在り方とその発展様式を根本的に変質させよう。たとえば、地動という事実は当初は無視されたが、のちにそれが発見されるや人間の知識体系の全体に対して最高度の影響を及ぼさざるをえなかったことを知らぬ者があろうか？　天文学のレベルでは取るに足らない〔天体の〕形や位置といった最も単純な事実でも、政治的レベルでは、極度の重要性を有しているとさえ言いうるのである。たとえば、黄道の傾斜角〔天球上の赤道と黄道の傾斜角〕がわずかでも変化したと想定してみたまえ。そうなれば気候の配置は一新されよう。地球から太陽までの距離がちょっとでも増減したと想定してみたまえ。そうなれば一年の長さと地球の気温はもちろん、その結果としておそらく人間の寿命も変わってくるだろう。最後に、天文学的にはほとんど些末なその他多くの類似の変化を想定してみたまえ。むしろ人類の発展は、到底これまでの歩みのようにはもはや考えられないことに気づくであろう。現象のさまざまなレベルにある現実的諸関係の証明にうってつけなこの種の想定は、ジャンルを問わずいくらでも簡単に増やすことができる。これらの想定からわかるのは、人間社会の存在条件は、人間組織の法則だけでなく常に地球の物理的・化学的法則および地球を取り巻く太陽系の法則とも必然的に関係しているということである。この関係は極めて密接なものであるから、人間社会の存続を確実に左右するあらゆる類の無数の影響の一つにでも、万が一少しでも際立った変化が現れれば、たとえ人類の存続に無害な変化だけにその想定を絞っても、人類の進行は根底から覆されてしまうであろう。

これらのことから察せられるように、社会現象は天文学的・物理学的・化学的・生理学的諸現象が変革を遂げないうちは、その性質上、実証理論に至ることはできなかったのである。生理学的現象に関していえば、その変革は今日ようやく開始されたばかりであり、ましてそのうちの精神現象――社会物理学にとってその理論化は必須である――における変革などほとんど気づかれてさえいない状態にあって、社会物理学が現在まで不可能であった理由《わけ》は容易に了解されよう。

以上の説明は、社会現象にまったく特殊なもう一つ別の状況を考慮するなら、一段とはっきりする。実際、社会現象の研究が実証的になるには、その当然の前提として、いくつかの自発的な継起的法則がおのずと観察者の目にとまるほど、人類の歩みが十分に前進している必要があるからである。この前提条件がどの程度妥当するか考えてみよう。私の考えでは、もし社会物理学が現在まで人類が遂げてきた発展の全容を把握できないとしたら、社会物理学の経験的基礎は十分な広がりを持ちえなかったように思われる。かかる推測は、先ほど述べた法則を受け入れる人であれば、まったく自明であろう。なぜなら、この法則は、その対象となる変革が人間の観念の大部分において人間精神によって完全に受け入れられた後でなければ、その姿を現すことはないからである。これにより、われわれは、〔社会物理学が現在まで不可能である〕その他の諸理由によって今しがた定められた時代〔今日〕にまさしく立ち戻ることになる。

社会理論への実証的方法の拡大を今日まで妨げてきた理由を説明する上記の考察は、やはりそれと同じくらいはっきりと、知的大変革のこの最後の仕上げがなぜ今日実行に移されねばならないのかも同時に明らかにしている。

人間精神は常に方法と教義《ドクトリン》の一致を目指す。人間精神にとって一様かつ恒常的な状態がこれであり、それ以外の状態はすべて一過的にすぎない。われわれは、大部分の計画においてある特定の方法を常に使い続けることはできず、いつかはそれを完全に断念、ないしはその他すべての計画に拡大しないではいられなくなる。その卓越性が経験上承認されてきた方法であれば、後者の場合〔他の計画への拡大〕だけが想定し得る唯一のケースである。それゆえ、いまや天文学的・物理学的・化学的・生理学的諸現象を実証的な方法で推論できるまでになった人間精神が、社会現象を対象とする場合はいつまでも神学的・形而上学的な方法で推論しなければならないと考えるのは矛盾であろう。人間の知的特徴を研究したことのある人なら、こんな事態はありえないと誰しも感じるはずである。したがって、〔この矛盾を解消して方法と教養を一致させようとするなら〕必然的に、天文学や物理学、化学や生理学が――想定するのも不条理なことだが――再び形而上学に、いわんや神学に戻るのか、あるいは政治学が――したがってこれは疑いえないことだが――実証的になるのかのどちらかしかないであろう。

人類の旧状態の性質を誰よりも深く理解していた十九世紀の哲学者ド・メストル氏[9]は、こうした二者択一にならざるをえないことを得心していた。彼は、自然科学の発展が神学と形而上学の支配を根底から覆すことになるとはっきり見て取っていたので、知的・社会的旧体制の没落に対する氏自身の哀惜の念となんとか折り合いをつけようと、人間の持つ全観念を超自然的哲学に一様に従わせて人間精神の統一が図られていたあの古代まで思い切って戻るべきだと考えたのである。*

* とりわけ『サンクト・ペテルブルクの宵』中の古代科学と近代科学の性格に関する注目すべき比較論を参照のこと。

なるほど、実証的諸科学は一挙にすべてが形成されたわけではないので、人間精神が同時に三つの方法を一定の観念レベル〔神学的観念、形而上学的観念、実証観念〕ごとにそれぞれ使い分けていた多少長い時期があったのは確かである。* 本質的に過渡的な状態をその用途に応じて不変の原理に仕立て上げる形而上学的哲学は、信仰と理性という抽象的名称のもとに神学的方法と実証的方法の根本的かつ絶対的な分割という公準をこの事実から打ち出した。しかし、経験がはっきり教えるところによれば、こうした教義の役割は信仰の領域を縮小させながらひたすら理性の領域を拡充させただけであった――少なくとも長いこと重宝されてきたこの過渡的原理の本来の用途はまさにこれだったのである。ただ神学と物理学の間のこうした恒久的な停戦状態にもかかわらず、その間にも物理学は人間の持つ観念の全体系まで徐々に征服し続け、そのため物理学の力はその戦利品に比例して増大していったのである。それゆえ今日の物理学に残されているのはもはや社会的観念を掌握することだけなので、物理学が最終的に自らの領域に社会的観念をも取り込むようになる――それも人間の持つその他あらゆる種類の観念に対して物理学が特権的に及ぼす巨大な支配力を考えればごく近い将来――のは明らかである。

* こうした一過的だが避けがたい混在から生じる主たる困難は、先ほど述べた法則を検証する場合でも起こりうる。ただし、同じレベルにある諸観念に同時に〔三つの方法が〕用いられたことは決してなかったことを認め、しかも先ほど論証した百科全書的序列を考慮するなら、こうした困難は解消されよう。もっとも、このような混淆状態の指摘は、私の知る限り、この基本法則に対してこれまで行われてきた唯

一のまともな反論である。それにしても、こうした反論を表明するのは、不幸にも教育のせいで実証科学に無縁な人々――彼ら自身は非常に才能があるのに――にすぎない。

以上の全体的な考察から導かれる結論は、社会現象に関する神学的ないし形而上学的理論の形成過程を検討すればさらに一段とはっきりする。

十八世紀の浅薄な哲学は、概して神学的な社会教義について、それを支配の道具としか考えない不埒な立法者たちの産物だとみなした。このような想定の馬鹿さ加減はもはや今日では反駁する必要もないので、ここで特に強調するには及ばない。本論の冒頭で打ち出した〔学問〕形成の一般的順序とも合致していることだが、経験がわれわれに教えるところによれば、神学的哲学はそれが社会現象にまで広がった結果、外的物体と人間の現象をすべて説明したことでまず獲得した支配力のおかげで、もっぱら〔社会の〕組織的手段となることができたのである。すべての現象のこの説明づけこそ、神学体系が獲得した一般的支配力の根本的淵源であり、その基本条件である。〔説明づけと支配力の〕同様の関係は、神学体系が順次採用するさまざまな形式〔フェティシズム・多神教・一神教〕にもやはり看取できる。たとえば、外界の現象と人間個人の現象をすべて生み出す単一の超自然的大原因〔唯一神〕という考えにまで人間精神が上昇するや、ただちに社会の管理にまで同様の教義を否応なく適用することになるのは当然ではないのか？　人間の諸観念が形而上学的になった時も事情は同じであった。かかる変化が天文学的・物理学的・化学的・生理学的諸観念において起こったとすれば、同様の変化が引き続き政治的諸観念にも広がることは予見可能であったのである。天体・地上物理学に関するアリストテレスの概念と、中世のスコラ学と、ルソーの『社会契約論』の間には、間接的だが深いつながりがある。新たな観念秩序を企てようとする同一の精神がそれである。したがって、社会理論は事実上、その他の現象の理論と常に密接かつ必然的な関係にあり、しかも現在までに生じた社会理論上の変化は他の現象の理論が蒙った変化に常に後続してきたとすれば、他の現象の理論を実証状態まで通過させた結果として政治現象の学説に間違いなく生じる変化についても、（まして不一致が〔他の理論よりも〕一段と著しいことを考えれば）必然的に同じことが起こるに違いないのである。

実際、一般・特殊を問わず、こうした変革を示すあらゆる兆候が、その時期の到来が近いことを確信できるほど十分にすでにはっきりと現れている。

十八世紀中に形而上学が社会的観念に対して勝ち得た全面的な支配は、神学の全面的な没落の疑いえない証左である。他方、フランス革命の経験以来、形而上学的政治学に対して広く表明されてきた深い嫌悪感は、さすがにそれによって人心が再び神学的教養へ向うことはなかったが、これもやはり実証政治学の創始が間近に迫っていることの徴候である。というのもこの実証政治学こそ、抽象的観念の権能〔形而上学〕にも神託の権威〔神学〕にも反旗を翻し、事実の力だけしかもはや認めない知的陣営からもあまねく同意を取りつけることのできる唯一のものだからである。

こうした人間精神の新たな欲求を満たすために、実は最も有能な思想家たちが多少の差はあれ申し分のない直接的計画をすでに打ち出していたとさえ言いうる。〔たとえば〕偉大なモンテスキューの仕事の特徴は主としてこれであった。まずはそのローマ人に関する著作〔『ローマ人盛衰原因論』、一七三四年〕において、ついで特に『法の精神』において、彼は政治的諸現象を互いに結び付けてその相互連鎖の法則の解明に専念した。この企ては確かに成功までにはまだあまりに道のりは遠かったが、この事実だけでも人間精神の方向性ははっきりと確認できる。その後、これと同じ方向で直接的かつ決定的な考えに至ったのが人類の漸進的発展の研究を決意したコンドルセであった。彼の計画も、完璧な仕上げにはほど遠かったとはいえ、それでもこうした〔計画の〕必要性がどれほど感じられていたのかを物語っている。また歴史学の性格を改善するために、それが当時まで帯びていた記述的ないし文学的性格に代えて、説明的ないし科学的性格を与えようとした、十八世紀のイギリスで試みられた努力についても、同様の観点から考察しなければならない。ドイツでも、歴史哲学に関するカント*とヘルダー[10]の仕事や、立法は常に文明状態に応じて必ず決定されるべしとする法学者の一派[11]がその後に形成されたことなどは、実証的な政治学説へと歩みを進める今世紀の一般的傾向を同じようにはっきりと物語っている。程度の差はあれこうした性格を持つ仕事に対して寄せられる特別な関心は日々ますます高まっている。これは極めて決定的な指摘であるが、党派的精神でさえもこうした関心に圧倒されるほどなのである。〔たとえば〕神学の有していた旧来の支配権を最も熱心に再建させようとしている人々でも、自分では気づかないうちに時代の精神に譲歩してしまい、とりわけ自らの意見を論証する際には彼らも実証的考察の権威に頼るのを名誉なことだと考えているのである。**

＊　カントは、そのタイトル自体が極めて注目すべき一七八四年の小著（『人類一般史序論』〔原題『世界公民的見地における一般史の構想』〕）のなかで、社会現象もその他の宇宙全体の現象と同様にいくつかの自然法則に還元可能であるとみなすべきだとはっきり定めた。

＊＊　たとえば、もし人々が信じているように『教皇論』〔ド・メストル著、一八一九年〕という著作が重要な哲学的価値を有しているとすれば、その理由は何よりも――ひどい矛盾にみえるだろうが――その著者が実証的な推論方法だけをできるだけ用いるように心がけ、神学的ないし形而上学的哲学に基づく考察はあくまで二次的にしか利用しなかった点にある。

それゆえこれまでのすべての仕事の最終的な成果として、人間精神がその他あらゆる現象に続いて社会現象をも実証理論に帰着させ、自然哲学の全体を完成できる時代がついに到来したのである。われわれが上記で手短に示してきた幾多の前提的な企てをみれば、それだけでもこうした作業〔の必要性〕が周知され、すぐにでも実行されるには十分であろうが、しかしそうした企てもこの作業にはまだまったく着手していない。人間の知的発展の自然な歩みにおいて十九世紀が担うべき大きな哲学的責務がこれである。

この仕事が完了、あるいは人間精神がこの新しい方向に完全に舵を切ったとみなせるほど十分に歩みを進めた暁には、人間の知識の全部門が発展を遂げ、ついには人間知識の一般体系の構築が可能となるのはもちろん、その実施はわれわれの義務にさえなるであろう。

十八世紀の『百科全書』を境として、あまたの計画がこの目的の実現のために立案されてきたが、どれも不首尾に終わってきた。現在でも日々新たな計画の登場を目にするが、それらもやはり成功には至っておらず、結局のところ、こうした計画も既得の知識に秩序と統一性を与えたいという人間知性が抱く強い欲求の存在をもっぱら証明しているにすぎない。これらの努力がなぜ徒労に終わったかといえば、さまざまな人間の知識がこれまでどれも同一の性格を持ちえなかったために、どうしても単一の体系にまとめ上げることができなかったことにその原因がある。別の時代であっても、〔単一の体系であれば〕神学的あるいは形而上学的ななんらかの百科学《アンシクロペディー》を作ることは可能であった。実際、たとえば、ギリシアの哲学者たちの体系はことごとくその時代の百科学であった。したがって社会物理学がある程度の確実性を獲得できるようになって初めて、実証的な百科学の構築はようやく可能となるであろう。ただし、これまでも常に強調してきたように、神学的であると同時に形而上学的で、なおかつ実証的でもあるような百科学を作りたいなどと望むなら、それは相互に排斥し合う諸要素を使って全体を組み立てるようなものである。これほどひどい考え方なら、良識あるすべての人々の間でかかる計画が最終的に信用を失うようなことになるとしてもそれは当然であろう。しかし、社会科学がひとたび実証的となり、形而上学と共に神学がその最後の隠れ場から追放され、人間の持つ諸観念の体系がもっぱら均質な諸要素だけで作られるようになった暁には、もはや事情は異なってこよう。そうなれば、多様なレベルの諸現象の自然な連鎖を発見するには、そしてそれによって形而上学的哲学や神学的哲学でさえこれまで成しえなかったほど――というのも両哲学はその性格が暫定的であったため、いずれの時代でも厳密には普遍的ではなかったから――はるかに完璧かつ見事に結合した真の実証哲学を構築するには、そうした多様な現象に関する知識を総括するだけで十分であろう。

この大事業〔実証哲学の構築〕はおそらく今世紀中にはその実現が果たされるであろうが、それはあくまでベーコン、デカルト、ガリレオの開始した大変革の最後の一歩にして、その最終目的であったとみなさなければならない。この事業は、今日の人類が明確に志向している新たな社会状態の唯一可能な精神的基礎として欠かすことのできないものである。なぜなら、何らかの教義が社会を指導するまでに至るには、その全体的な影響力を介さなければまず不可能だからである。実証的諸観念は、今後もそれらが相互に孤立した状態にある限り、またそれらが単一の完璧な体系の各部門として構想されない限り――なるほど個々の特殊な事例に対してはそれでも極めて大きな影響力を持ち続けるだろうし、神学や形而上学の政治的権威と争っても圧倒的な優位に立つことさえ可能だろうが――、神学や形而上学に代わって社会秩序の最高指揮権を担うまでにはいかないだろう。確かに人間の知識が改善すれば、否が応にも永続的な分業を学問の内部でも確立する必要が出てくるし、各人の研究の専門化さえ可能な限り押し進められていくことも避けようがない。しかし、これらの多様な成果のすべてをこれまでずっと必要としてきた社会内の一般大衆は、こうした〔学問の〕内部構成に一切干渉することはできないし、またすべきではないけれども、もっぱら科学的学説を日常的な判断指針として受け入れる場合は、同じ一本の木の幹から伸びる多様な枝葉のように科学的諸学説を考えたいと思っていることもまた疑いないのである。この条件は、科学者団体自身にとっても、集中させなければ極めて脆弱な彼らの政治的活動を結合・結束させるためにはやはり欠かせないものである。したがって、こうした〔実証的観念が最高指揮権を担えない〕事態が続く限り、神学と形而上学は、両者共に衰退傾向が明白であるにもかかわらず、これらだけが一般性を有しているがために、この先も精神的至上権を当然にも要求し続けることになるであろう。

この最後の指摘から、われわれはまた別の角度から社会物理学の必要性を再確認できる。私はその必要性を論証するためにこれまで理由をいくつか挙げてきたが、この変革を単独で引き起こしてもおかしくない哲学的な動向に注意のすべてを向けるために、社会組織の観点については意図的に触れてこなかった。しかし、この種の独自な考察から導かれる結論は、現実の社会が抱く多大な政治的欲求を当然にも考慮するならば、かなり強固なものとなるはずである。ここではこの問題の要点についてまずは簡単な指摘を行うにとどめ、のちほど徹底的に論じることにしたい。[12]

今日の社会を精神的な側面から見た場合、観察者の思想的見解がどうであれその誰もが認めるように、完全に深刻なアナーキー状態にある。結局のところ、このアナーキーの原因は、すべての人心を思想的に一つにまとめ上げることのできるいかなる支配的体系も不在である点に求められる。実証的諸観念は、神学はもちろん形而上学の政治的影響までも事実上無効にできるほど十分な広がりを持つことができたが、いまだそれらに成り代わって社会の精神的管理を担えるほど全面的なものにはなっていない。この不断の根本的対立の結果として、もはや精神的になんら現実的な紐帯も持たない人々は、タガの外れた個人性から生み出される放縦によって重要な論点ではすべて意見が食い違っているのである。公共道徳が一切不在であること、したがって利己主義《エゴイズム》の全面的氾濫や純実利的《マテリエル》思考の台頭の要因はまさにここにある。また最悪の必然的帰結としては、一般観念の名のもとになされる訴えにはすべて耳を貸さず、ひたすら私的利益の声にばかり反応する一部の人々が受け入れる唯一の命令手段として、〔金銭でしか動かない〕汚職を統治システムにまで仕立て上げる原因もここに由来しているのである。もしこのような無秩序状態が長引くようなことになれば、もはや社会関係の全面的解体のほかに途はないだろう。それゆえこの無秩序状態を完全に収束させる唯一の方法は、なんらかの処置を施して知的体系の統一を実現し、この状態を根底から打破する以外にはないのである。ただ、それを行うには次の二つの選択肢しかありえない。すなわち、神学的哲学〔形而上学は中間項にすぎぬのでここでは取り上げない〕が失ったすべての影響力を再びそれに与えるか、あるいは実証哲学を完成させて完全に神学に取って代わるのかのどちらかである。今日の社会的大問題はまさにこの単純な問いに集約される。それゆえ、神学がかつてのような十全な支配力を取り戻すことなどもはや誰の目にも明らかに不可能だとすれば、実証哲学を創始する以外に受け入れ可能な解決策など存在しない。それがはたして有利なのか不利なのか、その実施が困難なのか容易なのか、あるいはそれに多くの時間がかかるのか否かを検討することは問題ではない。このような無益な問いは、観察に基づく当然の判断、すなわちもはや社会にとってこれ以外に解決策はなく、すぐにでもそれに着手すべきであるというこの判断の前では、すべて退けられてしかるべきだからである。しかも、ここで指摘したその他の考察からも証明されるように、安定した社会秩序をついに再建することになるこの最終的変革は、人々が想定するほど人間精神の現在の能力を超えたものであるどころか、むしろこの変革がすでに不可避的なまでに、これまでの行程を通してその準備はもうできているのである。

したがって、社会物理学の構築は、純知的観点からみて一つの完全な哲学体系へと至るために欠かせないものであることはすでに証明されたが、政治的観点からみても、強固で一様なヒエラルキー制度の基礎となるべき一律の社会教育を打ち出すためにも、やはりそれは欠かせないのである。なぜなら、およそ社会というものは支配的な思想体系の影響がなければ樹立不可能である以上、否応なく教育と哲学は密接な関係にあるからである。社会教育はまず神学的であり、ついで形而上学的であった。なぜなら、哲学の順序がそうだったからである。今日の社会教育は、同時に神学的であり、形而上学的であり、実証的である。なぜなら、多様なレベルの観念ごとに、哲学はこの三つの性格を同時に表明しているからである。あるいはむしろ、互いに相容れない教育と哲学がまさに三つも並んでいる点からして、今日では実質的な教育も哲学も存在していないと言うべきである。要するに、まさに人類がとば口に立っている社会的新時代においては、哲学とその帰結である一般教育は、完全に実証的になるほかはないのである。哲学の実証化は教育の実証化の基礎となるべきものであり、この二つの大事業は現代文明の同一の根本的欲求――二つの異なった側面からみれば教義〔哲学〕と指導〔教育〕の欲求――に呼応しているのである。

私見によれば、この事業はすでに始まっている。というのも、社会物理学は今日でさえすでに姿を現していると考えているからであり、この見方は今後も変わることなく私の哲学的考察の中心に置かれるであろう。ただそうは言っても、こうした私の確信を今すぐに読者諸氏にも同意してもらいたいわけではない。私の希望はただ、人間精神が一段と実証哲学のほうへと前進していく、その絶え間ない自然の歩みにすべての注意を傾けてほしいだけのことである。つまり、この変革が必然的に社会理論にまで拡大すべき時代が到来したということを読者に実感させ、この変革の実現こそ社会に精神的秩序を取り戻す唯一の現実的方策である点を最終的に示すことが私の望みである。それゆえ、変革時期は正確にはいつがよいのかとか、変革の細かな手順は何かといった瑣末な議論を持ち出すには及ばないのである。

以上の考察から、科学は当然にも新たな観点から検討されることになる。

私見によれば、科学は人間が自然に対して働きかける単なる合理的基礎にとどまらない。確かにこの点での科学の重要性は間違いなく大きいが、間接的かつ二次的なものでしかない。というのも、これ〔自然改造としての科学〕が重要だとしても、人間精神が物質的な功利的見解に一切与することなく、その見事な天分から最も抽象的な科学理論に常に深い関心を抱いてきたのはなぜなのか、そしてここ三世紀来の純実践的観点が及ぼしてきた悪影響にもかかわらず、人間精神が今日までそのままの形でこうした関心を保ち続けてきたのはどうしてなのかについて、それで十分に説明がつくわけではないからである。

私の考えでは、何よりも科学の主たる目的はまず、その現状においてさえ、人間の観察対象となる各種の現象に関する実証的な観念体系〔の構築〕という人間の知性が抱く根本的な欲求を満たすことにある。

科学は、その過去に目を向けるなら、神学と形而上学による保護監察——人間精神の幼年期には必要であったが、その後も無際限に引き延ばされようとしたもの——から人間精神を解放した。その現在に目を向けるなら、科学は方法の面でも一般的な成果の面でも、社会理論の再構築のために奉仕しなければならない。その未来に目を向けるなら、科学は、それがひとたび体系化されれば、人類の活動が地球上で続く限り社会秩序の恒久的な精神的土台となるであろう。

以上の全体的な概要は、科学者 savants の社会的な存り方に関する通念とはかなり異なった見方を示している。それゆえ、今日の人類が実現しようとしている精神的大変革の基本的な概要を完全に把握するには、この見方をさらに展開する必要があるだろう。

科学者の政治史をその全体から考察するなら、神学的状態、形而上学的状態、そして実証状態という、われわれの第一論考[13]の主題をなす人間の哲学の状態に直接に対応する三つの大時期が存在する。ここでは簡潔ではあるが、この新たな一連の一般的事実を提示することに専念したい。

人間精神が一貫した現実的進歩を開始した最初の社会体制は、精神的権力と世俗的権力の融合、もっと正確にいえば、精神的権力に対する世俗的権力の完全な従属をその基本的性格としていた。明確な表現でいえば、この社会体制は本質的に、神学的哲学の影響下で組織された学者カーストの全般的な絶対的支配によって成立していたのである。

どんな原始社会も、その発展が自生的・自発的である限り、こうした組織へと向かうのは自然な傾向である。しかし、このような体制が完全に樹立され、堅牢な支配を固めることができたのは、風土や地勢(ここでそれらを説明するのは場違いである)の有利な状況が重なって神学的哲学が早い時期から広がった結果、社会体制の他の部門にもその抗しがたい支配力を及ぼすことができた国々だけであった。こうした条件をクリアしたのは、エジプト、カルデア、インド亜大陸、チベット、中国、日本などであり、これにペルー、そしておそらくアメリカ大陸が発見される数世代前のメキシコも加えることができるだろう。

これらの社会状態を抽象的な面に限って考察するなら、まず目に入る根本的な特徴は、そこで一様に支配している知的体系の統一性と連携性である。この時代以来、全体の精神がこれほどのレベルで表明されたことはなく、実証哲学の創始を除けば今後も見られることはないだろう。

こうした絶対的な体系性の第一の要因は、確かに当時一様に神学的であった人間的諸観念の均質性にある。しかし、この要因はそれが普遍的であったからといって、どこでも同じような効果を、少なくともこれほど高いレベルで生んだわけではない。この要因に加えて、各社会状態に応じた科学者団体が組織される必要があったからである。

学者カーストが存在したというこの事実だけでも、理論と実践の間に一様の不変的分割がなされていたということができる。しかし、まず第一に、この区別は社会計画にまで適用されていなかったために、極めて重要な点で不完全であった。第二に、理論の領域ではいかなる分業も行われていなかった。この最初の科学者組織の特徴は以上の通りである。

今日では万能な知識〔を身につけること〕など当然にも大それた夢想と思われているが、当時はむしろ逆に、それが精神的団体のメンバーの支配的特徴であった。ヒエラルキーの上層身分にある各祭司長は、同時に天文学者（あるいはむしろ占星術師）であり、物理学者であり、医者であり、技師ですらあり、立法者にして政治家でもあった。要するに、司祭・哲学者・学者という名称は、時代が下ればいろいろな意味を担うことになるが、当時は厳密にはどれも同義語だったのである。たとえば、人間精神の原初状態の最も有名な典型例といえる〔旧約聖書の〕モーセ個人には、今挙げた三つの性格が同居していた。

こういうマルチな万能性の理由は容易に説明がつく。というのも、それは学者カーストの優越性を生み出したのと同じ原因に起因しているからである――少なくともこうした万能性はそれほど必然的である。若干の国々で物理的状況がいくつか重なったおかげで、人間の諸観念が神学的形態のもとで迅速に体系化できるほど急激に発展できたのに、整合化の時代に知識の各部門が現実の〔理論と実践の〕不変的分割を要求ないし許容するほどまだ十分な広がりを持ちえないとすれば、その原因は明らかにこの〔体系化の〕速度自体にあったと結論づけざるをえないのである。

しかし、このマルチな万能性は、必然的な関係として学者カーストの社会的権威と単に合致しているだけでなく、その権威の最も強固な支柱にもなっている。天文学者、医者、技師として司祭たちが手に入れた信用は彼らの政治的権威の基盤をなしており、逆にまた彼らが享受している権力は自身の学問研究の発展に不可欠な条件でもあるからである。

こうした精神的組織の性質にこそ、これまで存在したどの体制よりもはるかに際立ってこの原初の社会体制を特徴づけてきた驚くべき活力と不変性の真の根本的理由を求めなければならない。ある一部分に攻撃を受ければそのまま全体までもぐらつくほどすべてが連関し合っている秩序にあって、これまでに知られているどんな勢力の活動も常に跳ね返してきたその抵抗力にどうして驚かずにいられようか。したがって、こうした状態こそ、神学体制が真に勝利した時代だとみなさなければならない。そして、この体制は——これは誇張なしに言うことができるが——その後どのような実際的権能を誇示したとしても、この時代を境に次第に衰退していったのである。もし遡行可能なら、人類がさかのぼるべきはこの時代であろう。

ただ、神権政治体制が人間精神の最初の進歩の必然的帰結であると同時にその必要条件であることを認めるとしても、この体制がその性質上、さらに広範な進歩にとってほとんど乗り越えがたい永遠の障害となる傾向を有していたことも認めざるをえない。社会体制の強固な安定性とその改善可能性が当然にも相容れなかったにせよ、あるいはむしろ、この二大性質〔安定性と改善可能性〕を併用するほうが当時まで人間の利用できた手段よりも端的に優っていたにせよ、いずれにせよ確かなことは、最も強固に組織された諸民族が最終的にはほとんど停滞してしまったという事実である。これこそ神権政治が完璧に樹立されていた国々で起こったことであった。これについては簡単に説明することができる。

人間精神を改善できるのは、分業をおいてほかにない。知的側面からみると、神権政治体制がそれ自体で有していた価値は、適切で安定した土台の上に理論と実践の分割を開始することのできた唯一の手段であったという点に尽きる。しかし、この根本的分割は、その体制の性質上それが一度確立されると後戻りは利かず、人間の諸能力を無限に発展させるためにさらに徹底される必要があった。まさにこの原初体制の抱えていた根本的欠陥がこれだったのである。

人間の諸観念は各種さまざまだが、それらの性質上すべてが同じ速度で発展したわけではまったくない。諸観念が形成される際に常に確認できる必然的な順序関係については、私はすでに論証しておいた。そこからわかるのは、科学者組織はいろいろな理論を同時にすべて同じ精神で作ろうとするので、早晩人間の知識の改善に強く反対せざるをえなくなるという点である。というのも、科学者組織は、進歩といっても知的体系の全部門で同時発生的に起こる進歩だけしか許容しないからである。

この純哲学的観点を、世俗的権力が精神的権力と一体化している——この最初の社会的時代〔神権政治時代〕を特徴づけているのがこれである——という政治的観点とつき合わせてみれば、以上の結論はさらに補強される。なぜなら、この〔政治的〕理由だけでも、人間の諸理論の大変革など、政治秩序の全面的な即時解体を目指すものとしてどれも不可能となるからである。どんな重要な発見があっても、それを不敬罪どころか、即刻反逆罪とさえみなすような体制下で、重要な進歩の一つでもどうして期待できようか？　神学的哲学はこの最初の時代、さらには現在までも、常に社会を教導できる唯一の哲学だったのである。したがって、世俗的権力がどこまでも精神的権力の派生物にすぎず、しかも物理理論と社会理論の区別さえ完全についていなかった限り、物理理論が神学的状態を脱するにはどうしても社会の土台を破壊せざるをえなかったのである。

それゆえ、人間精神の最初の進歩が神権政治体制の許容する初歩的な分業によって初めて可能だったとすれば、その後の進歩は、それよりもはるかに細部にわたる分業――それはまったく別の体制下でようやく実現できた――がどうしても必要だったのは明白である。政治秩序の在り方を危険にさらすことなく人間知識の分業と改善を行うためには、何よりもまず人間精神の涵養が社会の直接的管理〔世俗的権力〕から独立している必要があったからである。

確かに、多様な理論の自然な発達に任せたとしても、この分離は神権政治下でさえ――確かに上記の理由ゆえにその変化にはかなりの遅れが生じるだろうが――最終的にはおのずと実現したことだろう。実際、どんなに緩慢な進歩を想定したとしても、ある程度の時間が経てば、人間の諸観念の普遍的体系をまるごと引き受けることがますます困難となるために、専門分化が一段と進行するのは避けがたいからである。各種の神権政治の学者カーストのうちに、この分化を進める若干の端緒さえ確認できよう。しかし、既存の神権政治体制は事態の成り行き上、こうした変革の進展が観察できるほど十分にはどれも存続しえなかった。だが人間の文明にとって幸いなことに、新たな科学者組織がはるかに速いルートを通って樹立されたのである。

人間精神のその後の運命にとって不可欠なこの変革が起こったのがギリシアであった。エジプトとオリエントからこの地域にもたらされた知識は、その〔異国からの〕導入の経緯から〔ギリシアの〕社会秩序とは当初から完全に無関係に存在することになった。ギリシア社会は必然的に軍事活動を目指すことになり、その活動のせいで純粋な神権政治を末永く維持することは不可能となった。だがその一方で、その他の原因のせいで大きな障害がこの軍事活動の自由で十全な発展の前に立ちはだかったために、ローマでのように軍事活動が巨大な知力を独占的にすべて吸収するまでには至らなかった。こうした幸運な諸条件が重なったおかげで、理論と実践の分割は神権政治下の時よりもはるかに完全なものとなり、理論自体も自由に細分化できるようになった。こうして、いかなる政治的野心も持たず、あらゆる物質的関心からも解放され、そして純粋に哲学的な生き方に身を捧げる人々からなる一階級が形成されたのである。彼らの無二の不変の目的は、聖職者カーストが収集したあらゆる種類の最高の知識から出発して、人間精神の領域をできるだけ完璧に研究することであった。観察者にとって、科学者団体の形成の面でのこの記念すべき変革は、哲学者という名称と司祭という名称の間に明確な区別がこの時以来つけられたという事実に集約される。抽象的にいえば、当時知的体系のなかにはっきりと表れ始めた形而上学的性格は、まさしくこの新たな状態に対応しているのである。

ただ、この〔司祭とは別の新たな〕第二の組織の端緒においては、この精神的共同体が純粋に思弁的な存在となり、政公事の指導に関わることから完全に解放されたという点でのみ、真の進歩が実現したにすぎない。しかも、ギリシアのこの第一級の賢者たちも、さらに発展を遂げた芸術に対して完全に独自な領域を当初から割り当てたという点を除けば、聖職者カースト以上に、自分たちの理論研究に専門化を導入できたわけではない。しかし、当時はまだ避けようがなかったこうした〔専門分野間の〕混同にもかかわらず、大きな条件がクリアされ、人間知識の発展がさらに広範になるにつれて、やがて人間知識の分割もおのずから徐々に確立されていったのである。

哲学者たちは、物理現象に関する理論の改善と共に、当初は道徳的人間と社会に関する諸概念の改善も同時に行うことができると期待していた。だがその研究の結果、最終的には、この二種類の作業は全面的に切り離す必要があるという考えに至る。社会理論を改善しようとする最初の試みのうちには、社会理論から神学的性格を洗い落とそうとする漠然としたある一定の傾向がすでに看取できるとはいえ、こうした試みによって、この〔社会理論の〕改善は人間精神の力をなおも遥かに超えていることがわかったからである。この方針〔社会理論の改善〕を特に具体的に思案してきた哲学諸派は、この点はもちろん、とりわけ社会組織の欲求を考慮するなら、聖職者ヒエラルキーの上層階級によってすでにかなり前から実現されていた神学的教義のこれほど大きな普及を前に、それを乗り越えて前進するのは不可能であると判断したのである。それ以来、外的世界と物理的人間に関する知識は、その性質上すぐさま改善可能であると同時に、政治秩序にもやはり直結するものとして、完全に社会的教義から分離されることになった。こうして社会的教義は神学的状態にとどまった一方、その他の教義は形而上学的となり、その結果、実証状態へと近づいていったのである。

このようなわけで、聖職者カーストの組織とはまったく別の精神的組織が徐々に確立されていくことになった。司祭の肩書と区別されていた科学者 savant と哲学者 philosophe の二つの肩書は当初は等価であったが、ここに至って両者の間にもはっきりとした区別がつけられるようになった。これ以降、科学者の名称はもっぱら物理的知識の開拓に努める思想家にのみ適用されることとなり、社会の動向から――思索の面でさえ――離れた彼らの生き方はギリシアの第一級の賢者の生き方と比べてもなお純粋に理論的なものになったのである。*他方、哲学者という名称のほうは、もっぱら道徳的・社会的研究に専念している思想家だけを指すようになり、以後、彼らはとりわけ精神的な統治に参画するようになっていった。要するに、この時代から、今日まで存続している〔科学者と哲学者の〕区別と本質的に同じものが生まれたのである。この二つの階級は、ギリシア哲学の末期には早くも互いに反目し合うほどはっきりと切り離され、アレクサンドロス大王時代〔紀元前四世紀〕になると、この区別は公然と姿を現し始めた。この区別は、次の二つの大きな仕事の流れによって深く特徴づけられることになった。第一の流れは、とりわけ科学的な方向を進んだアリストテレスの仕事であり、もう一つの流れは、いわゆる哲学的な方向を進んだプラトンの仕事である。古代ギリシアの諸派とはまったく異なるアレクサンドリアの学堂《ムセイオン》の設立〔紀元前三〇〇年頃〕は、この区別をさらに強力に推進する役割を果たすと同時に、その分裂の疑いえない一つの証拠である。

＊　いわゆる科学者階級のこの時代の典型例はアルキメデスに見ることができる。なるほど、この階級の純粋な思索活動の特徴は、歴史家たちが描くこの偉人の気高き死の光景〔数学の問題を解くことに没頭していた

アルキメデスは敵の兵士を前にしてもそれを止めなかったために殺害されたという逸話のこと〕のなかによく表れている。しかし、物質的な有用性の発見に自分の才能を一時的に浪費してしまったことを後世の人々に詫びるというその驚くべき純朴さのほうが、さらにその特徴を根本的に表していると言える。

その後の人間精神の進歩はすべてこの分裂がもとになって生じてきた。完全にバラバラだった諸科学は、いまや広がりを持ち、細分化され、改善を遂げることが可能となり、この時代の当初は形而上学に属していたこれら科学も、社会的統治に混乱をきたすことなく、そこから徐々に実証化を遂げることが可能となったのである。他方、一点に努力を集中させる哲学は、文明諸国の民衆の間に多神教から有神論への移行を生み出し、人類の文明化のために神学的教義の権能を十全に展開できるようにしたのである。

ギリシアで生まれたこの精神的組織こそ、精神的権力と世俗的権力へのこの称賛すべき分割をその本質的特徴とする千二百年後に樹立される社会体制〔中世封建制〕――この体制が神権政治体制よりもはるかに優っている理由はまさにこの分割にある――の最初の土台であった。この分割の萌芽は、哲学諸派がギリシアの住民の間で行っていた純粋に思索的な活動のなかに宿っていたのである。この芽が花開くには、科学と哲学を分割し、哲学がいろいろな学派を一つの共同の有神論に糾合させることがまずは必要であった。ひとたびこの目的が実現されると、新たな社会組織をすぐに作り出すためには、もはやこの分割にとって一つの世俗的大条件しか必要ではなくなった。その条件とは、ローマの覇権から生まれた単一の支配下に全文明世界を糾合して征服の体制〔多神教体制〕を没落させることであった。この二つの基本的土台〔有神論への糾合と征服体制の没落〕が置かれたことで、中世の社会体制はこうした事態の進展に応じて、その発展が速くなったり、あるいは遅くなったりすることになったのである。ただ、この体制は間違いなく最終的には樹立される運命にあったのだが。

この社会体制の最初の淵源はもちろんギリシアにおいて人間精神が組織されたことにあるが、実はここ四世紀の間に人間精神が蒙った衰退の原因ももとはといえばここにある。科学と哲学の間に絶対的な区別が樹立されたことによって、神学的体制は、その体制が絶頂に達した時に特殊的知識〔諸科学〕が置かれていた状態でしか、特殊的知識と均衡を保つことはできなかった。そのためこの体制は必然的にその後の知識の進歩と折り合いをつけることは不可能だったのである。特殊的知識が実証的になり始めるや、すぐさま神学と物理学の知的相克は政治的性格を帯び始め、もともとは社会体制の外部で成長してきた科学者階級と精神的権力の間で根本的な敵意が多少の差はあれ露《あらわ》になっていった。* これこそ、のちにこの神学的体制が解体する際の一般的要因となる大きな本源的亀裂だったのである。

＊ 神学学的体制の没落の真の原因を感じ取っていた若干の有能な人々は、この体制を現代に再建するために科学によってそれを焼き直そうとした。しかし、それは私がこれまで述べてきた基本的な考察を誤解するも

のである。神学と物理学の根本的な相違が両者の結合を絶対的に排除するものではないとしても、両者を結合させようとするなら、プラトン以来行われてきた社会の精神的組織の修正をすべて逆順に巻き戻さなければならないだろう[14]。もちろん、現在のヨーロッパが再び〔両者が分離していなかった〕エジプトになることなど不可能である。

プラトンは、当時際立った特徴を有していた唯一の学問である幾何学に通暁していない者はすべて自分の学院に入るのを禁じた。約一世紀の間、彼の弟子たちは人間知識のこの部門の改善に大いに貢献したが、ほどなくしてこの研究領域はどうしても哲学研究とは両立しがたいことが明白となった。この学派は、彼らが取り組む研究のなかで当然にも哲学研究が最重要なものであり、しかも学派の設立当初から哲学研究は特別な使命を担っていると考えていたからである。それゆえこの学派は徐々に科学的な動きとは疎遠となり、ついには永久にこの動きとは完全に切れてしまった。アルキメデス、アポロニウス、ヒッパルコスといった古代の三大数学者は確かにプラトン主義者ではなかった。

長いこと科学と哲学の間の根本的対立は、両者の敵意から神学的体制が危機に陥るほど深刻なものではなかった。だがこの対立が実感され始めるや、その危機は神学に現れる前にまずは科学において表面化することになった。事実、聖アウグスティヌスはアレクサンドリアの天文学者たちの地球球体説を否定しようとしたのである〔『神の国』第十六巻九章〕。これほど偉大な人物がこんなことを企てようとした事実は、当時から哲学と科学の間の断絶がどの程度まで進行していたのかを如実に物語っている。またそれに加えて〔この事実から〕了解されるのは、アウグスティヌスにとってこうした議論は純哲学的なものであり、精神的権力の一員としての彼が、後世にコペルニクスとガリレオの発見が巻き起こした議論の主たる重要性など、まずこうした議論に認めるようなことはないということである。

社会状態を有神論の影響下で再組織することは極めて抜本的な作業であったので、知的諸力のほとんどすべてを結集させ、社会の注意と配慮を喚起することが何よりもまず必要であった。それゆえ、この組織では長期間にわたって、科学は――少なくとも西欧においては――比較的等閑に付されたのである。* しかも、科学の進歩がまさに緩慢だったおかげで、精神的権力の担い手たちは、その権力の神学的性格に一切の変質を被ることなく、容易に科学と両立することができたのである。

* 通常、科学がこのように放置されたのは、蛮族の侵入のせいだと考えられてきた。しかし、それよりもずっと前からそうした状態にあったのは明白である。それは初期キリスト教の時代から、アレクサンドリアの学堂《ムセイオン》が滅びた停滞状態のうちに現れていた。もっといえば、こうした傾向の明確な痕跡はプラトン主義がその他の哲学派を圧倒し始めた時からさえ確認できる。いわゆる科学者と哲学者の乖離および互いの憎悪は、この時代以降絶えず増幅していったのである。

しかし、大教皇ヒルデブラント〔グレゴリウス七世、一〇二〇－一〇八五年〕とその優れた後継者たちの仕事によって社会体制の性質に決定的な発展がもたらされるようになると、この体制が創建時からすでに抱えていた分裂の芽がやがて露呈することとなった。人間精神の主たる勢力と大衆の関心は徐々に科学に集まるようになり、この方面で大幅で急速な進歩が遂げられることになった。この時以降、とりわけ実証的性格が新たな知識に現れ始めるや、精神的権力はにわかに傾き始めたのである。

当初、聖職者たちは誠実にもこの新しい知的領域を一手に引き受ける強い熱意を見せたが、結局は無駄であった。個人の意志、あるいは集団の意志でさえ――いかにそれが強力だったとしても――、神学と物理学の絶対的不一致を証明している事物の不変的性質に対しても、あるいは中世の神学的哲学にその誕生時から深く刻まれ、それ以来常に発達を遂げてきた科学の独立的性格に対しても、どちらにも打ち勝つことができなかったからである。こうして最終的には、当然の権利として実証的知識の育成役はその知識にまるまる従事してきた人々、つまりこれとは異質な教義を唱える道理のない人々にのみ属するということが、広く実感されるようになったのである。*

＊　その後、科学の領域を一手に引き受けるためにイエズス会士たちが多くの忍耐と労力を払って一連の新たな努力を試みたが、古代の試みと同じくやはり失敗した。彼らの努力はこうした試みが根本的に不可能であることを改めて明瞭に物語っている。

自然学の理論が誕生した時に、聖職団はそれを掌握しようと十二－十三世紀にかけて多大な努力を行ってきたが、その努力はかえってこの理論の進歩にとって大変好都合であった。というのも、聖職団は、各自がなんの干渉も受けずに思索活動に没頭できる当時唯一の団体だったからである。だがこうした努力によって、彼らの聖職者的性格が変わるわけではなく、実際変わることはなかった。完全にこの新種の研究に従事するようになった若干の聖職者がいたとしても、それは彼らが司祭をやめて科学者になったのであり、この二つの知的体系の間にある本来的な対立がこれによって緩和されたわけではまったくない。今日においてアルベルトゥス・マグヌス(15)やロジャー・ベーコンといった人物を考えてみても、現代人は彼らを自然学者〔物理学者〕だとみなしているのであって、前者が大司教、後者が修道士であったことを思い出すことはまずないのである。

やがて自然学の理論と神学的理論の対立は、聖職団が総じてこの新研究を遅々として前に進めず、しかもこの新研究に聖職団が抱くその種の本能的嫌悪のために、この二人の偉人が現れた直後にはっきりと表面化することになった。こうした傾向は、国王たちがその庇護のもとに、早い時期から徐々に聖職権威とは完全に切り離された独自の科学教育を責務として打ち出した点に、はっきり看て取ることができる。この時期を起点にして、形而上学は初めて道徳的・社会的観念にまで押し広げられることになり、聖職団の教義に反対する最初の直接的な試みが開始されるようになったのもこの時代であった。こうしたいろいろな事実の影響から、科学と神学の間の分離と対立は、いまや誰がみても一目瞭然となったのである。その後もさらに一段と顕著な闘争がいくつも起こったが、それらもこうした対立をひたすら増幅させたまでのことであった。

以上の説明をさらに詳細に展開したいところだが、ここでそれを行う余裕はない。ただ、中世の神学的哲学がそれに対応する社会組織を最終的に完成させた時代から、その社会の活動は本質的に守勢に転じたのだという点を確認しておけば十分である。すなわち、この時代から、偉大な知的勢力をあまねく惹きつけたあの自然学の諸理論が発達を遂げたことで、新たな精神的秩序が産声を上げ、実証的知識が徐々に一般教育にも浸透していったのである。一言でいえば、聖職団が次第に失っていった支配力を、〔古い〕精神的権力の外部にいた科学者たちが次第にすべて獲得していったということである。

では次に、古い精神的権力にも劣らぬほど強力な新たな精神的権力を構築するために、まだ科学者たちがやり残していることは何であろうか？　それは、社会物理学を作り上げて自然学の知識の体系を完成させ、実証哲学の最終的構築にすぐさま着手すべきだということである。そうなれば、いやそれによってのみ、科学は一般的な性格をすべて獲得し、社会を精神的に統治するために神学の力量不足を補う資格を得ることができるであろう。

科学の将来に関する以上の見取り図は、ギリシアの組織が哲学の形而上学状態に対応し、またエジプトないしアジアの組織がその神学状態に対応したように、哲学の実証状態に対応する科学者団体の第三の組織の考察へとわれわれを導くことになる。科学者たちは、彼ら独自の哲学をついに構築するに至った暁には、神権政治のやり方とはまったく異なった仕方で社会の精神的管理者となるために再び社会に参画することになるはずである。そのためには――さらに指摘しておくべきこととして――科学者階級内部で行うべき作業がある。この説明は重要なのだが、ここでは紙幅の都合から極めて簡潔にしか提示できない。その重要な個々の論点については、また後日稿を改めて論じることにしよう。

とりわけ実証的知識体系は分業を必要とし、またそれを引き起こす。自然学理論の研究は、その当初から一貫して、その研究に従事するさまざまな人々の間でますます細分化されてきた。研究の無際限な発展というこの事実だけでも、それは将来的にも絶えず細分化されていくに違いない。それゆえ、聖職者カーストが有していた研究の総合性に類するものによって、科学者たちになおも欠けている一般性を彼らに与えようとするのは論外であろう。こうした計画が実行可能だと仮定しても、各種の知識の現在の広がりを念頭に置くならば、そのような一般性では明らかに無理がある。むしろ逆に、この必要不可欠な改善を実現するには、分業の原則をさらに全面的に適用するしかありえない。つまり、社会研究と哲学を実証的にして、それらを単に科学者団体の新部門に割り当てさえすればよいのである。そうすればこの部門《クラス》はその他すべての部門とはっきり区別――もちろんその他の部門が互いに区別されている程度でしかないが——されることになろう。ただし、各部門独自の教育に先立つ一般教育を通じて他の諸部門が相互関係を結んでいるように、この部門も彼らの学説の性質上、やはり他の諸部門との不断の直接的関係を保ち続ける必要がある。

科学者団体の内部構成を観察するなら、学説の面でも組織の面でも、今日まで常に発展を遂げてきた変革をこのまま最後まで成就させればよいことが了解できよう。それは、先ほど論証した百科全書的序列に即してみれば容易に理解できる。事実、科学者の各種部門は、どれも特殊であるとはいえ、そのレベルは決して一様ではない。当然のことながら、最も特殊なのが幾何学者である。というのも幾何学はその他の科学に一切依拠しておらず、逆に自然哲学全体の土台をなしているからである。天文学者になると、はやくもその知識には一段と多くの一般性が看取できる。なぜなら、彼らは、自分たちの考察する現象を直に研究することのほかに、常に数学にも頼らざるをえないからである。物理学者になると、その研究の性質上、恒常的に数学的方法に頼らざるをえないのはもちろん、宇宙体系の一般法則の知識も必要になるために、さらに特殊性が減少する。同様の理屈で、化学者は、研究対象となる〔化学的〕現象の性質から課される諸条件を満たすには、必然的にさらに大きなレベルの一般性を持たざるをえない。最後に生理学者に関していえば、彼らの扱う現象の法則はそれ以外のあらゆる現象の法則によって複雑化するため、生理学者は、数学・天文学・物理学・化学の少なくとも一般的な知識に通じている必要がある点で、当然にも科学者のなかで最も特殊性の少ない学者ということになる。だから、社会物理学者は、これと同じ順路を辿って必然的に生理学者の段階をもう一段昇るだけでよい。社会物理学者の研究する現象領域は、その性質上、それ以外のすべての現象に依存することになるため、彼らの専門研究の唯一の合理的土台をなすその他すべての実証科学の方法と主要成果の知識を習熟するための予備教育がどうしても必要となる。このように物理的な知識の総体を絶えず参照できるようになり、もはや自分たちの研究だけに忙殺される手間が省けるほど彼らの専門科学〔社会物理学〕が十分な進歩を遂げることになれば、彼らは直ちに実証哲学の構築に間違いなく向かうであろう。*

* もっとも、これまで多くの議論が交わされてきた一般性 universalité の問題に決着をつけるには、私見によれば、積極的一般性と消極的一般性の区別をつける必要があると思われる。積極的一般性は人間知識の全部門を同時に改善しようとするのだが、これは明らかに不条理かつ空想的である。それに対して消極的一般性は、たった一つの科学の専門的な探究に特化しつつも、その他すべての科学の精神をしっかり理解するために、そしてそれらの科学と専門的に探究しているこの科学との関係を深く実感するために、その他すべての科学に関する正確な諸観念を十分に身につけることにある。この消極的一般性は可能であるばかりでなく、ある程度までは不可欠でさえある。というのも、私がこれまで述べてきたところによれば、この一般性は科学者の各種部門のなかに多少の差はあれ事実上存在しているからである。だがそれは、とりわけ社会物理学を専門とする人々において完全な発達をみるに違いない。

この新しい科学者部門が形成されると同時に、この部門の哲学的な性格をはっきりさせる上で、つまりその政治的行動力を強化する上で欠かせない重要な下位区分が科学者団体のなかに生じることになる。この区分は、理論と実践の間の一般的区別の新たな改善にしてその最終的な完成である。だが科学者の性格は、常にそこに技術者的性格が多少とも混在しているせいで今日でさえかなり歪められており、この区分はなおも不完全な状態にある。なるほど、こうした混同は自然学理論の端緒においては確かに避けがたいことであったし、しかもなお無教養な人々にこの理論の重要性をわからせるためには必要でさえあった。というのも、こうした連中はすぐに実現しそうにもない理論的な利益についてはいっ顧だにしないからである。だが今日においては、〔理論と実践の〕こうした恒常的で直接的な関係はもはや必要ではない。いまや科学は特にその哲学的重要性によって判断されねばならないからである。したがって、科学者たちは、理論の威信に対する自分たちの深い愛着を抑え込むどころか、むしろ現代のあまりに実用的な精神に即して科学者を単なる技術者の役割に還元しようとするあらゆる企てに粘り強く抵抗すべきなのである。しかし、この目的に優れて見合う観念体系によって理論と実践の関係が一様に樹立されない限り、ある程度の正当性をどうしても含まざるをえないもろもろの要求〔科学者を技術者に還元する主張〕を、科学者たちが決定的に黙らせようとするなら、適切な学説をその手だてとするほかない。この観念体系を構築できるのは科学者だけであり、というのも、それは外的世界と人間の関係に関する彼らの実証的知識に必然的に由来しているからである。この大事業は、科学者と産業者の間の恒常的な仲介役としてあらゆる個別研究に役立つ技術者の部門を、個別の同業者団体《コルポラシオン》として樹立するために欠かせないのである。*

* 今日そうであるように、科学者団体のなかにはいわゆる科学者と区別されるある程度の数の技術者が容易に認められる。この重要な部門は、理論と実践というまったく対照的な分野が互いに提携し合うほど共に前進したのちに、ようやく最後に形成される。そのため、技術者部門の特徴はまだ明瞭ではないのである。この部門に固有の学説によってそれに独特な内実が与えられるべきところだが、その学説の真の性質を指摘するのは容易ではない。なぜなら、現在までのところいくつかの基本的な性質しかわかっていないからである。それについての正確な考えは、建築技法の一般理論としてもたらされた有名なモンジュ⑯の画法幾何学の構想ぐらいしか私には思い当たらない。技術者に固有な学説の主要部分は、合理的に分析されたその他あらゆる実践的大事業に関する同様の一連の構想によって構築されなければならない。当然のことながら、その構築には、実証哲学の形成がある程度まですでに前進していることが前提となる。というのも、大規模に〔理論を〕技術へ応用する場合は常に、複数の学問的視点と同時に関係しているもろもろの知識を結集させることがどうしても必要だからである。

固有の特徴を備えた技術者部門の確立は、科学者と産業者が協働する――これさえできれば新たな社会体制はすぐにも始動できる――のに欠かせない直接的な仲介役をこの部門がおそらく担うことになるので、それだけでも重要なのである。

科学者団体の近代組織を完成させるのに必要な諸説は以上の通りである。これらの学説は、人間精神の新たな状態に見合った知的体系を完成させるのに必要なものとして、すでに私が提示してきたものである。ただこうした仕事が現在の科学者たちによって実現されることはおそらくないだろう。彼らは、極めて重要な研究に全力を注いでおり、それを中断させることは滑稽かつ有害だからである。むしろ、こうした仕事をその性質上効果的に実施できるのは、さまざまな実証的方法に培われた人々、つまりあらゆる自然諸科学の主要な成果に習熟し、既存の科学者団体が下す裁可に常に服する人々以外にはいないであろう。この補完的な仕事の目的は、人類の不断の歩みから将来的に新たな科学者部門が担うことになる精神的至上権を最終的に実証体制に授けることにあるわけだが、当然にもその仕事が迅速に行われるか否かは、ひとえにこの新たな科学者部門の形成の遅速に懸かっているのである。

　こうした仕事が十分に進捗して決定的な性格を帯びるようになれば、社会教育はおのずと科学者たちの手に永遠に握られることになるだろう。万事はこの大変革のためにすでに準備されてきたのである。そしてついに、自然学の知識は誰が見ても教育の主たる目的となったのであり、将来的にもますますそうなっていくはずである。公教育の一律のシステムが現代人のこの喫緊の要求に応えられない場合には、彼らはその実現を公教育の外部に求めて最終的にはそれを見出している。各政府も、こうした全般的傾向を――これは当初から行ってきたことだが――絶えず支援しながら、この目的のために一群の新たな専門施設を創設している。理論教育の高度なレベルから無教養者向けの最も単純な初歩に至るまで、政府は手元にある手段をすべて駆使して人心に実証的性格を浸透させようと腐心している*。要するに、こうした刷新のために本当に役立つ政治的措置は主としてすでに展開しているのである。あと必要なのは哲学的一大条件を満たすこと、すなわち上記で指摘したもろもろの一般的実証学説を創始するだけである。

これがなければ、以上の個々の努力がどのように行われようとも、重要な成果は一切得られないであろう。

＊　ヨーロッパの各国政府は、正規の大学から独立した専門教育を通じて社会の全階級に科学教育を普及させようとここ三十年来努力を重ねてきたが、私の見るところ、その努力の成果は適切な観点から十分な注意を払って検討されてきたようには思われない。この〔科学教育普及の〕動きはまずある学校（パリ理工科学校《エコール・ポリテクニック》）の創設となって現れた。この学校は高度の一般性を有する理論教育の確立という哲学的刷新を体現しており、その実証的性格はいかなる神学的・形而上学的混合ともまったく無縁である。それ以来、この動きは絶え間なくますます強化されていくことになった。この時に、すぐにこの動きに加わるよう呼びかけられたのが労働者階級である。彼らは、フランスではシャルル・デュ・パン氏、イギリスではビルベック博士らが熱心な旗振り役となって政府が支援することになった各種学院を通じてそこに加わるようになった。同様の施設はオーストリアやプロイセンでもすでに存在しており、ほどなくロシアにさえお目見えする予定である。このように数年後には、同様の施設がヨーロッパ中に見られることだろう。こうした施設の影響は、イギリスですでに確認され始めているように、間違いなく産業の上層階級向けのさらに高度な同様の学院の創設を促すことになるはずである。

　必要となる学説が形成されれば、社会教育はまさにこの途を貫くことによって全面的に刷新できるであろう。なぜなら、既存の大学制度をその現状から立て直すことはおそらくあまりに困難が多すぎるからである。[17]

　本論で示した全体的な考察は、精神的権力の問題をもっぱら哲学的観点から扱った場合の基本的なアウトラインとみなすことができる。このように議論の方向性はあらかじめ打ち出せたので、いまやわれわれは、今日懸案となっているこの最も根本的な大問題〔精神的権力の問題〕

をあらゆる個々の論点から直接検討できるようになった。この問題こそ、次にわれわれの新たな研究対象となるであろう。

精神的権力論

（一八二六年三月[1]）

コントの書斎

古代にはさまざまな社会体制が樹立されたが、その特徴としては、精神的権力と世俗的権力が混淆していた点でどれも共通していた。つまり、二つの権力のどちらか一方がもう一方の権力に完全に従属していたか、あるいは――こちらのほうが頻繁に起こったことだが――両権力が同じ手中に握られていたのである。そうした関係の下では、これらの体制は二つの権力のうち支配的な権力に従って、必然的に二大階級に区別されることになった。エジプトやほとんどのオリエント諸国のように、気候や地域の性質上、神学的哲学は急速に発達したのに軍事的活動はその展開が限られていた民族においては、精神的権力は社会組織全体をその細部に至るまで一貫して支配する至高の統治者であった一方、世俗的権力のほうは、この精神的権力の派生物ないし補完物にすぎなかった。これに対して、物理的境遇とは対照的な影響から、人間の活動が早くから何よりも戦争へと傾いていた民族においては、世俗的権力はすぐさま精神的権力を掌握し、きまってそれを道具や補佐役のように利用したのであった。ギリシアとローマにはかなりの相違があるにもかかわらず、両者の社会組織は、ほぼどちらもこのような状態だったのである。

この二種類の社会組織は、なぜそれが樹立された国と時代に必要であったのか、そしてこの両組織がそれぞれ独自の方法で、どうして人類の一般的改善に寄与することになったのか、そうした理由をここで説明する余裕はない。さしあたりこれらの組織に関しては、神学的・軍事的体制の全期間を通じて、その体制が古代に担っていた性格と中世に採用したそれとの間にある最も重要な政治的相違を正確に叙述することにとどめよう。

この後者の時代〔中世〕は、神学的・軍事的体制がカトリシズムと封建制の創始による大幅な改善を経験しただけではない。それに加えて、これらの創始によって生じた重大な政治的事実、つまり精神的権力と世俗的権力が正当に分割されたおかげで、社会組織の一般理論が人類の存続可能な全期間にとって――この先人類がどのような体制下で生活を送るとしても――この上なく改善されたと考えるべきなのである。この見事な分割のおかげで、それぞれ独立した複数の世俗政府が必要となるほどあまりに数が多くて多種多様な住民を、同じ一つの精神的支配下に結束させることが可能となり、その結果、はるかに巨大な規模で人間社会をおのずと打ち立てることができるようになったからである。要するに、政治的集権化と政治的分権化の対立する利害を、それ以前では考えられないほど見事に調停させたのである。全人類ないし少なくとも白人種全体を単一の普遍的共同体にまとめ上げることなど、精神的権力と世俗的権力が混同されていた限り矛盾を伴わざるをえなかったが、これによって将来的にまだ先のこととはいえ、確実にしかも絵空事としてではなくその構想が見込めるようにさえなったのである。〔中世の貢献として〕第二に、それぞれの個別社会内部の政治的大問題は、全体的な公共秩序の維持が必要な場合は政府に服従し、この服従が悪弊を生む場合は政府の行動に歯止めをかける余地を残すという、この二つ〔の要件〕を両立させることにあるが、精神的統治と物質的統治の間に正当な分割がなされたことで、それは可能な限り解決されることになった。政府への服従は隷属的たることをやめて、自発的な同意の性格を帯びるようになり、政府への勧告についても、正当に組織された一つの精神的権能に基づくようになったので、少なくとも一定の範囲までは敵対心は緩和されたからである。この時代以前は、どこまでも卑屈に服従するか、あるいは直接的な反乱を起こすしか選択肢はなく、なおも社会は、精神的権力と世俗的権力が法的に最初から混淆していた、イスラム教の下で組織された社会のような状態だったのである。

以上をまとめれば、精神的権力と世俗的権力の間に中世に布かれた根本的分割によって、人間社会はこれまで以上に広範かつしっかりと秩序づけられるようになったのである。この広がりと秩序は、古代の立法者はもちろん哲学者でさえ誰もが不可能だと宣言していた取り合わせであった。

このようにカトリック封建体制は、それが支配した時代の許す限りで、私が先ほど指摘した両権力の分割に根ざす一般的利点をすべて生み出し、確かにそれ以前のどの体制よりも力強く人類の改善に貢献したのである。とはいえ、この体制が遭遇することになる没落も、どうしても避けがたく、かつ必要なものであったことも認める必要がある。

以前に私は、神学的哲学およびこの哲学に基づく精神的支配は、その性質上、それらの到達した最も完全な状態、つまりカトリシズムにおいてさえ一時的な支配力しか持ちえず、またそうならざるをえなかった点を論証しておいた。* そのなかで、神学的哲学とその精神的支配は、人類がその予備教育を経たのちに壮年期に達した暁には、実証哲学およびそれに対応する精神的権力と必然的に交代しなければならない点も証明しておいた。世俗的権力についてはどうかといえば、こちらのほうがはるかに容易に同様の証明を得ることができる。というのも、世俗的権力は、もともと依拠していた軍事力の支配から次第に近代社会の生活様式へと移行するにつれて、最終的には主として産業の支配と結びつかざるをえなかったからである。このようにカトリック封建体制はその全盛期には優れた価値を有していたとしても、科学と産業の両面で人類が発展するにつれて、ついにはこの体制も解体される運命にあったのであり、しかもその他のどの体制にもまして人類の発展を促進させただけに、なおのことその解体の歩みも速かったのである。さらに私は、この体制の最盛期の直後から噴出するその崩壊の芽が、この体制の誕生時から精神的な面ですでに看取できる点も証明しておいた。この観察は、世俗的次元にも容易に当てはまるものであり（というのも農奴制の廃止と自由都市《コミューン》の解放は封建制の完成とほとんど一体だったからである）、中世の社会体制の一過的性質を如実に示している。

＊ 論文「科学と科学者の哲学的考察」を参照願いたい。

ここでカトリック封建体制の形成史やその没落史を描くのは場違いである。むしろ本論固有の主題は現在の社会の精神的状態の解明にあるので、この体制の精神的解体がいかにして起こったのか、そしてこの解体が引き起こした主な帰結とは何であったのかを、幅広く一瞥することにしたい。

　ある社会体制の解体とまた別の社会体制の成立は、その性質上、極めて複雑な二つの作業であり、それらが同時に遂行されるまでには、かなりの時間を必要とする。まず新たな政治秩序の創設は、社会の再組織を妨げる障害を除去してそれを可能にするためにせよ、アナーキーがいかに不都合なものかを人々に経験させて新たな政治秩序の必要性を痛感させるためにせよ、いずれにしてもあらかじめ古い秩序が倒壊していることが前提となる。しかも純粋に知的な観点からいえば、人間精神はその手段の脆《もろ》さを考えると、旧体制が完全に一掃されていない限り、新たな社会体制の明確な観念にも達することができないとさえ確言できる。このような前提はなんとも遺憾ではあるが、それが必要であることは、多くの事例からすぐに確認できよう。

　それゆえ事物の性質上、人類がある政治体制から別の政治体制に移行するように促されるたびに、少なくとも精神的なアナーキーを避けて通れない時代が必ず存在するのであり、その時代がどのくらい続き、どの程度根強いかは、その変化の規模と大きさによって決まってくる。したがって、こうしたアナーキー的性格は、当然にもカトリック封建体制の解体期には、最大限の広がりを見せたに相違なかった。というのも、この時代に起こった変革は、神学的・軍事的状態から実証的・産業的状態への直接的な移行という人類がかつて経験したことのない最大の変革であり、これに比べれば、それ以前の変革などどれも単なる手直しにすぎなかったからである。まさにカトリック封建体制の解体が実行に移された十六世紀から十八世紀にかけて起こった出来事がこれだったのである。

正当にも革命的と形容されるこの時代全般を通じて、カトリック封建体制をひたすら解体することを目的に――つまり日頃は完璧な社会体制の支配によって抑え込まれ、心の中でくすぶっていたあらゆるアナーキー的情熱を反体制の御旗に結集させるために――、あらゆる反社会的な思想が招集され、ドグマへと仕立てられていった。こうして、まずは神学的権力を破壊するために無制限な信仰の自由というドグマが、次に世俗政府を転覆するために人民主権のドグマが、最後に古い社会階級を解体するために平等のドグマが作られていったのである。もちろん、批判学説を構成しているあまり重要ではない二次的な諸観念も、旧政治体制のなかでそれぞれ対応する部門の解体を目指したのはいうまでもない。

自発的に発展するものは、すべてその時代においては必然的に正当なものであり、まさにこの意味で、それは何らかの社会的欲求を満たしている。したがって、ここ三世紀来の批判学説の有用性についてはもちろん、それが絶対に必要である点についても、私は看過しているわけではまったくない。しかも、この学説は見たところ〔新体制と〕対極にあるにもかかわらず、新たな社会体制がすぐに樹立されるまでは必然的に存続し、この時代を通して不可欠な影響を及ぼすに違いないとさえ私は考えている。なぜなら、旧体制はここに至ってようやく後戻りの利かないほど決定的な終焉を迎えたとみなしうるからである。しかし、たとえこの意味で批判学説の活動がある程度まで文明の発展になおも不可欠だとみなせるとしても、はるかに重要な今日的観点に立つなら、当初は新たな政治秩序の準備に寄与したその活動も、この政治秩序の確立にとってはやはり主要な障害となるのである。

抗しがたい宿命によって、批判哲学を構成する各種のドグマが本来の使命を完璧に果たすために必要な活力をすべて獲得できたのは、それらが絶対的な性格を帯びるようになってからのことにすぎない。だがこれらのドグマは、それが絶対的な性格を担うようになると、本来破壊すべき体制だけでなく、どのような社会体制も必然的に敵視するようになったのである。したがって、古い政治秩序の解体が行き着くところまでいくと、批判的諸原理の影響のせいで社会内には、意識的・無意識的を問わず、どのような真の組織もすべて排除するような状況が生まれることになった。それと同時に、この批判学説をあらゆる社会問題に適用しようとすること三世紀のうちに身につけた悪癖のせいで、旧体制の破壊が招いた破局から秩序を再建する必要性が明白となった時に、人々はこの学説が再組織の基礎であるかのように自然と考えてしまったのである。こうして精神的・政治的無秩序が学説として打ち立てられ、それがまるで社会改善の総仕上げのごとく提示されるという奇妙な現象が、つまりこの現象の歴史的展開をフォローしていない人々にとっては説明のつかない現象が現れることになったのである。というのも、批判学説のドグマは、それが建設的な方向で用いられるなら、個々の論点において、どれも原則として社会は組織されるべきではないとほとんど主張しているに等しいからである。

近代の政治的ドグマのどれを見ても、この判断に一切の誇張のないことは簡単に証明できよう。だが、批判学説をこれ以上徹底的に検討する余裕はない。ここまでその検討に取り組んできたのは、私がこの学説をどのような観点から考察しているのかを明示する必要があったまでのことである。(2) 私の目下の課題としては、その最も重要な原理から、つまり精神的権力と世俗的権力の分割という根本法則の観点から、この学説を検討することに専念しなければならない。

古い社会体制の没落によってここ三世紀の間に生み出された革命的偏見のなかで最も古くからはびこり、最も広範にまき散らされた偏見にして、その他あらゆる偏見の一般的基礎にある考えこそ、精神的権力は社会に存在すべきではないとする原理であり、あるいはこれも結局は同じことだが、精神的権力を完全に世俗的権力に従わせようとする見解である。国王と民衆は、批判学説のその他の論点に関しては、程度の差はあれあらゆる点で公然と争っているが、この出発点〔精神的権力の無力化〕に関しては完全に一致している。プロテスタンティズムが勝利した国々では、このような精神的権力〔ローマ教会〕の否定ないしその没収が一様に、そして露骨に宣言された。しかし、これまでずっとカトリック国を自称してきた国々でも、間接的にではあるが、結局のところ同様の原則が事実上復活することになった。(3) なぜなら、世俗的権力が精神的位階制を完全にその支配下に置き、聖職団もすすんでこの変化に同意して、中央指導部〔教皇庁〕と結んでいた手綱をいそいそと手放して国教化する光景がこれらの国でも見られたからである。最後に、最近の一事実からこうした見解の勢いとその広がりを感じたいなら、次の点を思い起こしてもらえば十分である。すなわち、果敢にもこうした偏見と闘った極めて感心な若干の哲学者も現代にもいるにはいるが、その彼らも身内の党派のなかに〔味方を探そうとしても〕頑迷な反対者しか見出すことができなかったという事実である。

以上で私の一般的な説明を終えることにするが、これを見ればその他の思想とすべて同じようにこの批判学説の根本思想に関しても、この学説が古い社会体制から新体制への移行にとって一時的には有効かつ必須でさえあるという点を私がわかっていないなどと非難されることはないだろう。ところで私の考えでは、最初の体制の崩壊がまずは精神的秩序から必然的に始まったとすれば、次の体制が樹立される時も必ず同様の歩みを辿るはずなので、ここ三世紀来忘却されてきた一般政治学の真の基本的諸観念を、社会の現状に適用できるものだけでも私にできる限り人心に呼び戻すために、続いて批判学説の根本原理を検討しなければならない。これこそこの論文の目的であり、以下では、世俗的権力と区別される自立した精神的権力を創始する必要性を証明し、近代社会に適した新たな精神的組織の主たる性格を規定することにしたい。

最初に、思慮深い精神の持ち主たちには、現在の習慣とはほとんど相容れない一つの観点に立つ心構えをお持ちいただく必要がある。そのためには、この主題に関心を持ってもらうのに適切だと思われる一連の考察を、問題の中身を論ずる前に示すべきであると考える。そうすれば、精神的権力を無視して政治を組織しようとする現代の政論家や立法学者らの全般的な傾向が、社会秩序にひどく有害な影を落としている点を経験的に了解してもらえるだろう。

過去の経験に照らせば、精神的権力と世俗的権力を区別する必要性は次の二つの異なった方法から証明することができよう。第一に、カトリシズムと封建制の支配下にあった人類の状態を、ギリシア・ローマの本質的に世俗的な組織が維持していた人類の状態と比較する方法。第二に、十六世紀の初頭以来、精神的権力の廃止から、あるいは政治的には同じことだが、世俗的権力による精神的権力の収奪から生じた不都合を証明する方法である。この第一の部類の観察〔中世と古代の比較〕から、目下の問題にすぐにでも当てはまる重要な情報を引き出すことは可能ではあるが、しかし、各時代の相違がかなり大きいために、そうした情報は、私がここで特に明確にしておきたい自明の見解を打ち出すには、あまりに複雑なものとなるであろう。もっとも、私は本論の冒頭で、すでにこの比較の基本的な部分は十分に指摘しておいた。したがって以下では、もっと直接的で顕著であり、しかも一段と決定的な記録を有する第二の事実〔十六世紀以降の精神的権力の収奪〕に専念することにしたい。この点でいえば、近代社会における精神的権力の崩壊の明白な原因とされる主な政治的障害を手短に考察することが、まだ私には残されている。確かにこの重要な論点を検討するとなれば、かなり幅広く展開する必要がどうしてもでてこよう。しかし、いったん適切な視点に読者が立つことができれば、ここで私が扱う余裕のない細部についても、読者自身で簡単に補うことができるはずである。

　私は、疑問の余地のない確信を与えてくれる事実だけをこの一連の考察のなかに含めることにし、破局的大事件の考察は、たとえその原因が結局は社会の精神的解体にあるとしても、意識的に除外することにした。なぜなら、そこに原因があるとしても、この手の破局が再発することなど、今後はどうみてもありえないからである。したがって、私はここ三世紀の間の、そして今日までなおも継続している、文明諸国民の日常状態の検討に絞ることにしたい。

まず最も一般的な政治的諸関係を観察してわかるのは、カトリック体制が権勢を誇っていた間は、国家同士の関係はキリスト教的全ヨーロッパ規模で、恒久的かつ一様な一つの組織に従っていたという点である。この組織は、ある一定の自発的な秩序を日常的に国家間に維持できる力を有し、また十字軍の大規模な活動に見られるように、状況に応じて必要とあらば、集団行動までも諸国家に促すことができた。要するに当時は、ド・メストル氏がまったく正当にも、ヨーロッパ王権の奇蹟と呼ぶものが見られたのである〔『教皇論』一八一九年〕。なるほど、この時代の文明状態を考えれば、この支配がかなり未熟であったのは確かである。しかし、ナショナルな観点はもちろん、ヨーロッパ規模の観点から見ても、結局のところ最も未熟な統治のほうがまだアナーキーよりもはるかに好ましいのではないのか？　この点でいえば、教皇権が没収されてから一体何が起こったのか？　ヨーロッパの各勢力が互いに反目し合いながら、再び野生の状態に転落していったのである。国王たちは、まさしくこの時から現実のものとなった文言、《王たちの最後の論理《アルチマ・ラシオ・レガム》》〔戦争のこと〕を自らの典範に刻ませたのであった。また、この点について精神的権力が抹消されてあけられた大きな穴を埋めるために、どのような手筈が考案されたのか？　なるほど、本来の紐帯の代わりに、ヨーロッパの勢力均衡〔ウェストファリア体制〕と呼ばれるものが編み出され、外交官らがその維持のために費やした極めて見事な努力は正当に評価されてしかるべきである。しかし、この方法で本当に国家間の統治がうまくいくなどと期待するなら、失笑を禁じえないだろう。この均衡体制は、それが存続していた全期間を通して考えれば、それが防いだ戦争よりも多くの戦争を引き起こしたのは明白だからである。そしてこの体制はフランス革命の引き起こした激震によって灰燼に帰し、その結果どの国も、どこかの強国に全面的に侵略されるのではないかと絶えず不安に陥ることになったのである。私がこれを書いている最中も、全ヨーロッパ諸国は、外交関係のシステム全体がたった一人の男[4]の死によって危機に陥る光景を目の当たりにするのではないかと――確かに不遜なことだが――今から恐々としているのではないのか？

さらに次の点も付け加えておかなければならない。つまり、ド・メストル氏の至極当然な指摘に従えば、精神的権力の活動は、私の考察する観点からするとその活動から生まれた明らかな利益だけでなく、とりわけそこから生じた損失――これを確かめるのはそれほど容易ではないが――からも判断される必要があるということである。この哲学者〔ド・メストル〕が示した記憶すべき一つの事例から、こうした考察の重要性を明らかにすることができる。

アメリカ大陸発見後の植民地体制の形成期に、その他のヨーロッパ列強がこの上ないほど執念深くほとんど無意味な地位を何かしら得ようとどの国も互いに覇権を争っていたのに対し、優れてライバル関係にあった二つの国民〔スペインとポルトガル〕は地球上で最も重要な植民地の所有を互いに妬ましく思い、しかもかなりの広範囲にわたって限りなく境界を接していたのに、これを理由に戦争になったことはただの一度もなかった。どうしてこのような極めて大きな成果を上げることができたのか？　それは、その存在がすでに揺るがされつつあった精神的権力のたった一つの行動によるものであった。つまり、教皇アレクサンデル六世の一枚の勅書で十分だったのである。これにより、スペインの植民地建設とポルトガルのそれとの間に全体的な分界線(5)が最初から公平に引かれたからである。

　繰り返して言おう、起こったことはすべて起こるべくして起こったのである。だから過去に対する不毛な後悔の念などと一切無縁であることにかけては、もちろん私は誰にも引けをとるものではない。ただ願わくば、偉大なライプニッツ(6)に倣って、古い精神的権力が避けがたく解体したせいでヨーロッパ組織に重大な損失が生じた事実に着目し、そこから次のような結論を下すことをお許しいただきたい。すなわち、この観点に立てば、新たな精神的統治を樹立することが文明諸国の現状から否応なく要求されているということである。

　続いて各国民の内部組織に目を転じてみても、数多くの理由から――その最も一般的なものしか指摘する余裕はないが――、同様の要求がさらにはっきりとした形で現れている。

　神学的哲学およびそれに対応する精神的権力の没落によって、社会はまったく精神的支柱のない状態に投げ出された。そして、ここから以下のような一連の帰結が導かれることになった。

　これらは互いに連関しているので、その順序に沿って述べていくことにしよう。

　一、第一の帰結は知性のこの上ない濫用である。必要な条件を一切クリアしないで誰もが一般観念体系を独力で作り上げようとしたために、どんなごく些細な社会問題に関しても、たった二人の人間の間でさえ現実的な不変的合意に達することが、次第に民衆の間でまったく不可能となってしまったのである。もしこのアナーキーを取るに足らない問題だけに絞るなら、害悪はそれほど深刻ではないだろうし、それを適当な範囲に押しとどめるだけなら社会諷刺で十分だろう。しかし、そこから安直にも、善き秩序にとって〔意見の〕不変性は極めて重要なことなのに、大多数の論点において賛否両論のどちらにも等しく尤もな言い分があるなどと考えようものなら、まったく別の重大な結果が生ずることになる。

この知的アナーキーの根深さと広がりを的確に摑むには、それが基本ドグマとして批判哲学の信奉者たちの精神に巣くっているのはもちろんだが、今日ではそれが決して彼らだけではないことに着目する必要がある。さらに決定的なこととして、このアナーキーが退歩学説の信奉者たちの間でも――もちろんはるかに程度は低いが――同じように見受けられるという事実がそれである。というのもこのアナーキーは、彼らの傾向とは相容れない人間精神の不可避的な一般的進行の意図せざる結果だからである。まず彼らの間に確認できるのは、しばしば直接的な敵対関係にまで悪化した、カトリシズムの擁護者と封建制の擁護者の間の最初の大きな分裂である。しかも、当然にも一段と精緻な見解を有しているカトリシズムの擁護者だけに考察を限ってみても、次のような点が認められる。すなわち、彼らは大部分の論点で一致しているために外見上は単一の学派を形成しているように見えるが、根本的な問題についてはかなり本質的な相違を示しているので、もし現在の社会状態が彼らの学説の広範な適用を許すようなことになれば、この相違のせいで最終的に彼らは実践面でまったく支離滅裂な結果に行き着くだろうということである。まさに、ド・メストル氏、ラムネ氏[7]、ボナルド氏[8]、エクシュタイン氏[9]ら主要な思想家たちのこの方面に関する理論を注意深く検討してみて確認されるのがこれなのである。彼らのさまざまな見解は、最重要な論点については実は極めて顕著な個性をそれぞれ発揮しているからである。*

* ラムネ氏は、今日この方面で著述している人々のなかで最も筋の通った哲学者であるが、つい最近になって礼拝の自由を断固要求し、正式に基本的諸原理を破ったばかりである[10]。

二、〔精神的権力の没落から導かれる〕第二の帰結は、公共道徳のほぼ全面的な欠落である。まず一方で、社会内における各人の役割は一般的に遵守すべきいかなる準則にももはや規定されておらず、しかも実践的な諸制度もこうした人心の状態に準じているので、個々人の野心は、各自に固有な外的状況の場当たり的で偶発的な権能によってしかもはや実際には抑え込めなくなった。他方で、社会感情は、生起する個々のケースで何が公共善をなしているのかについて、その確固とした正確な観念を、無意味にもある時は個人的理性に、ある時は大衆の偏見に求めて、いかなる現実的なアクションも生活規範に与えることのできない曖昧な博愛主義的傾向へと最終的に少しずつ変質していくことになってしまった。この二つの影響のせいで、各人は巨大な社会関係のなかで次第に誰しも自分を中心に置いて考えるようになったため、この精神的カオスのなかにあって各自の利益という観念だけが唯一自明なものとして残ることとなり、その結果、当然にも純粋な利己主義《エゴイズム》が活動的生活を取り仕切る唯一の強力な原動力となってしまったのである。

公共道徳に関して今日露呈しているこうした帰結は、ある程度まで私的道徳にも及んでいる。確かに私的道徳の場合、幸運にも世論の道徳〔公共道徳〕とは異なる数多くの条件に依拠している。たとえば、自然の本能は公共道徳よりもはるかに明瞭に〔個人に〕語りかけてくれる。また、規律と労働の習慣も、それが絶えず力をつけていけば悪徳の観念をしっかり排除してくれよう。さらには、産業が絶えず発展すれば〔個人の〕欲望やその濫用が抑制されて、もろもろの条件が全般的に改善されるし、文明が改善されればそれに由来する習俗も全面的に穏和なものとなるはずである。なるほど、これらの要因は、生活規範の確たる原則がないために今日生じがちな反道徳性をどれも補って余りあるのは確かである。しかしそうはいっても、この点においてさえ、組織性を欠いているために引き起こされる疑いない影響――それを見分けるのはなお難しいとはいえ――があるのも事実である。害悪の事実がその芽のうちに簡単に摘み取れるほど明白な著しいケースはあらかじめ省くとして、自分の日頃の経験に照らして、次の問いを各自で自問していただきたい。すなわち、さまざまな家族関係の面でも、上司と部下の日常的な相互関係の面でも、生産者と消費者の相互関係の面でも、大半の義務の観念は今日流動的な状態に置かれており、現在の生活はこうした影響に常にさらされ続けているのではないかという問いである。

もっともこの点については、ある程度までは直接検討しなくても間接的な考察だけで十分である。つまり、人間のあらゆる感情をもっぱら私益と結びつけて説明すべきだと主張する道徳理論が、少なくとも実践面ではほとんど全面的な支配力を誇っているという事実がそれである。思索面から見ても、この道徳理論は、たとえ道徳本能がそれを退けるにしても、実際に世間で頻繁に用いられる説明手段になっているし、しかも哲学者の間でさえなおも信用――社会の正確な状態を表す極めて忠実な一つの指標こそ彼らの信用である――を得ているのである。結局のところ、刑法だけが下層階級の道徳性を保証する唯一の効果的な手段なのだとする、彼らの間で今日支配的なこうした見解は、以上の考察の正しさを如実に物語っている(11)。

三、〔精神的権力の没落から導かれる〕第三の帰結は、近代諸国民の精神的解体の当然の結果として、ここ三世紀来、社会的な優越性が純物質的な観点に次第に認められるようになったという点である。十六世紀以来、実用的な権能がますます理論的な権能を無効ないし貶めるようになったため、同様の精神が徐々に社会のすべての要素に入り込むようになった。こうしてあらゆる点で、人々はだんだんと、もっぱら直接的な利益だけを、少なくともまずはそれを第一に考えるようになっていったのである。だからたとえば、諸科学を合理的に評価しようとする際も、人々は科学の持つ哲学的な重要性を次第に無視するようになり、その結果、その科学が実践に役立つのか否かという理由でしかそれを評価しなくなってしまったのである。

本質的に物質的なこの精神は、とりわけイギリスで顕著であった。この国では、十六世紀以来、さまざまな立場を一つに糾合することで、この種の一時的な社会組織を作り上げ、大陸〔の諸国〕以上に一貫した組織を築いてきた。だが、この精神がはるかに完全な姿で支配しているのがアメリカである。この国では、その他のどこよりも精神的な解体が無際限に押し進められたからである。

事態の進展により、憲法の時代が到来すると、同様の性格がこの新たな活動分野〔法制度〕でも極めて顕著に現れることになった。人々はこの大事業の物質的な部分にもっぱら注意を傾け、実利的な制度をすべて作り直すことにすぐさま着手したからである。こうして、もろもろの審議会の形態を微に入り細を穿つところまで取り決めることはしても、それをやる前に新たな社会学説を打ち立てようと考えたり、新たな政治体制の精神をきっちり定めようとさえしなかった。社会が経験を頼りに、少なくとも形而上学的憲法を完全に放棄しているという意味で最良の進路を歩み始めている今日でさえ、同様の悪習の影響でなおも長期にわたって真の再組織化が妨げられる恐れがあるのである。

社会関係の処理よりも人心の再建のほうが喫緊であると同時に準備も整っている以上、この大事業は間違いなく精神的秩序の再建から始めなければならない。ただし、もろもろの制度をすぐにでも求めがちな傾向、言い換えれば精神的権力よりも先に世俗的権力を再建させたいという願望がなおも諸国民の間ではあまりにも顕著であり、この唯一効果的な自然の歩み〔精神的秩序の再建〕を受け入れる際にも、まずこれが強力な障害となる可能性が高いであろう。

四、精神的権力の没落から生じた最後の一般的帰結として指摘しておくべきは、この種のものとしては歴史上まったく他に類を見ない近代的独裁政治が樹立されたという点である。それは、内閣制 ministérialisme、あるいは行政的専制という名で――これよりまともな表現がないので――呼ぶことができよう。この独裁政治に特有の組織的な性格は、権力が合理的な許容範囲をすべて越えてますます集権化を押し進め、しかも組織立った賄賂《わいろ》がその一般的な行動手段となっている点にある。このどちらも、社会の精神的解体から生じた不可避的産物にほかならない。

政治学ではよく知られている自然の法則がはっきり証明するところによれば、支配されない唯一の手段とは、自分自身を支配することにある。この法則は個人と同様に大衆にも、また人間と同様に事物にも当てはまる。この法則の意味を最も広くとるなら、精神的支配がその社会内での力を失っていけばいくほど、社会体の全面的解体を防ぐために物質的支配がそれだけ強まるのはどうしても避けがたいことを意味している。たとえば、フランスの人口ほどの数の住民が、もろもろの異質な部分をしっかり繋ぎ止めるほどの精神的紐帯をもはや一切持ち合わせていないと想定してみよ。この場合、共通の精神がないために、中央の世俗的権力があらゆる社会的要素を直接的で一貫した依存関係のなかに繋ぎ止めなければ、国民はますます限られた部分的な共同体《コミュノテ》へと解消してゆくとみてまず間違いないであろう。こうした結果は、すでに私が指摘したように、かつてのヨーロッパ社会を独立した国民国家《ナショナリテ》へ解体した原理とまさに同じ原理の不断の影響によるものだと言ってよい。こうして世俗的集権化は、精神的崩壊がさらに蔓延・顕在化するにつれて、ますます進行することになったのである。かかる帰結は、それを必然的に招き寄せたのと同じ原因によって、さらに別の側面でも生じることになったが、それも当然のことであった。というのも、これまで世俗的権力の侵害を抑え込んできた唯一の法的な障壁が、精神的権力が失効したことで取り払われてしまったからである。

それは統治の常套的手段にまで仕立てられた賄賂である。この嘆かわしい帰結は、先の帰結以上にはっきりと精神的権力の消滅にその原因がある。精神的権威の解体が正式に法制化された国で、こうした恥ずべき制度が出現したことを考えれば、この点はだいたい予想がつくかもしれない。だが、簡単にそれは〔予想ではなく〕すぐに確信に変わる。

公的秩序を維持するには、個人が互いに協力して一つの共通した社会学説に各自すすんで精神的な合意を与える必要があるが、もはやそうした合意では協力できなくなった住民の場合、ある一定の調和を保つ術《すべ》としては、武力か、賄賂かの悲しむべき二者択一以外に残された途はない。武力に関しては、社会の世俗的な性格が本質的に軍事的たることをやめて産業的になって以来、近代文明の本性と相容れるものではなくなった。当初、富とは所有制度を介した武力の一様の尺度であると同時にその不滅の成果であったが、近代になると、徐々に武力の継続的な主たる源泉となっていった。この点でいえば、富は、まさしく潜在的な武力であると形容できよう。それゆえ以上のことから次の帰結が――これはほとんど気にもとめられていないことだが――導かれる。つまり、規律の手段としての暴力は、最終的に賄賂に姿を変えたのである。今の社会の現状は、武力というやり方は退けたが、その一方で精神的解体が顕著になってからというもの、汚職に手を染めるようになったのである。

政府が個人に働きかけたいのであれば、彼らが日頃から互いに影響を与えるのに最も効果的だと誰しも認めているのと同様のやり方を、さらに大規模な形で行うしかあるまい。通常、人間は〔他人を〕信頼する場合、その動機の強さに十分な信頼を置くものである。そうであるなら、私的な関係のなかで個人の利益が唯一の動機と考えられているような時に、中央権力が同様の行動手段〔汚職〕を用いるようになったところで、別段驚くには当たらない。この情けない結果は、統治者にも被治者にも一方的な責任があるわけではなく、どちらにも互いに責任がある。あるいはもっと正確にいえば、この結果は、神学的・軍事的体制から実証的・産業的体制へと移行する際に、社会がどうしても通過せざるをえなかったアナーキー的過渡的状態の忌むべき帰結――ただし幸運にも一時的な帰結なのである。

社会の精神的崩壊が十六世紀来徐々に生み出してきた一般的帰結に関して、ここまで私の描いてきた見取り図が観察に合致していると判断され、しかも私が確信を持って見定めた原因にこれらの事実が確かに由来していると認められるなら、以上の事実から間違いなく次の点が了解されよう。すなわち、新たな精神的権力の樹立は、ヨーロッパ以上に国内《ナショナル》のほうがもっと大きな重要性を帯びることになるという点がそれである。

できるだけ私の考えが誤解されるのを事前に回避するために、すでにヨーロッパ的な観点では行ったことだが、ここではナショナルな観点からも私の見解を述べておきたい。それによれば、すべての真の観察者たちと共に私が有害な帰結として嘆いているこのアナーキー状態は、旧社会体制の没落から来る避けがたい帰結であったと同時に、新社会体制の創設に欠かせない一つの条件でもあった。この後者の視点から、上述した〔精神的権力の没落から導かれる〕四つの一般的事実を再検討するなら、この四点それぞれについて次のことが立証されよう。すなわち、このアナーキー状態は、それを永遠の状態〔批判学説を建設的な意味で理解した場合にこの学説が確実に行き着く状態〕であるなどと考えようものなら見るも無残な醜態をさらすことになろうが、それを単に完全な過渡的状態としてしか考察の対象としないのであれば、もはや事情はまったく異なってくるという点である。〔四つの事実のうち〕第一の事実〔知性の濫用〕がその他の事実の基礎にあるので、以下ではこの事実を改めて検討するだけで満足することにしたい。

今日、深刻なアナーキーが知識人たちを支配しているが、それは旧社会体制の没落が必然的であったという点で、歴史的に正当な理由を有していた。だがそれだけでなく、このアナーキー状態は将来的にも、新たな組織の土台に役立つ学説がしっかりと樹立されるまではなおも避けがたく、実は必要でさえあるのである。まず第一に、この種の精神的空位期間が継続する限り、知識人たちを統御するのは現実的にまず不可能だからである。第二に、この精神的空位期間に終止符が打たれる前に、先走って知識人たちに結束を呼び掛けるならば、しかもいまだ適切な学説がないために、どこまでも専断的な物的手段に頼らざるをえないとなれば、学説の構築を目指している人々にとっても、この学説を受け入れようとしている人々にとっても、自由な思想的展開が共に禁じられ、間違いなく社会再組織の作業自体がストップしてしまうに相違ないからである。

以上、私は批判学説の真価をあますところなく誰よりも検討したものと考える。さらに望むらくは、もはやこの学説の本性を誤解しないでいただきたい。これまでに辿ってきた進路を合理的に理解できる時代がやってきたのであり、単なる因習はもうお払い箱になったのだ。批判的原理については、それがしばらくの間なおも及ぼすに違いない全体的な影響を維持し続ける可能性は確かに否定できない。しかし、そのために批判的原理を組織的原理であるかのように考える必要はないし、現在のアナーキー状態をみだりに長引かせて社会を脅威にさらすもろもろの重大な危険を前に、その場しのぎの安全に胡坐《あぐら》をかく必要もないのである。おそらくこうした知的態度は大半の人々に理解されないだろう。だが少なくとも私の目には、十九世紀の社会的大事業に尽力したいと願う思想家たちにとって、今こそ常識的な観点となるべきものがこれなのである。

上記の全体的な考察から、思慮深い読者諸君であれば、精神的権力――今日ではこの権力の覚醒に対して子供じみた多くの妄想的な不安が語られているのであるが――の根本問題について、私が以下で展開する議論に耳を傾ける心構えがすでに十分できているものと考えてよいであろう。それでは、この問題の直接的な検討へと大胆に歩みを進めよう。

公正な観察者にとって、精神的権力が必要だとするこの基本原則に対する現在の意見は、奇妙かつ不快にすら見える一つの対照的な分布を示している。まず一方には、真の自由の立場、文明の立場を取っている人々、要するに進歩的な傾向を有していると自称する人々がいる。彼らは、確かにある程度まではこの傾向を有しているが、是が非でも神権政治を回避したいという、それ自体としては正当だがまったくもって思慮を欠いた欲望に駆られた人々である。そのため、彼らはもし最後まで突き進めば、最も下劣な専制――つまりいかなる精神的権威も欠いた暴力的専制――へと確実に行き着くルートを、完全なアナーキー状態への転落を避ける代わりに歩んでいるのである。他方、その退歩的な傾向の故に批判されている人々がいる。彼らは、その哲学的な意図の点ではなく、その学説を全面的に適応すれば引き起こされる不可避的な結果の点で、確かにある意味ではこの非難に値しよう。しかし、実を言えば彼らだけが、暴力や富を矯正・規制する精神的至上権を打ち立てて、人間の尊厳を適切に回復させることのできる理論を所持している無二の人々なのである。(12)

以上、さまざまな考察を行ってきたが、私がそこで証明しようと力を入れたのは、十六世紀に始まり、ここ三十年来その最終段階に入った革命時代を終結させる第一の主要な手段として、何よりも新たな精神的秩序を形成することが今日要請されているという点であった。そして次に問題となるのは、近代社会に適した精神的再組織の性格とは何かを直接に検討することである。これもまた、高度な政治問題のすべてと密接に関係している点で根本的な問いであり、これをきちんと論じようとすれば、主として最も厳格な精神の持ち主たちを対象とした専門書が必要となるだろう。したがって、こうした問題を本来のしかるべき仕方で掘り下げようとするなら、私がここで自制せざるをえないごくごく簡略な指摘では確かに不十分かもしれない。とはいえ、そうした簡単な指摘であっても、誠実な人々の注意をこのテーマに向けさせるのには役に立つのであって、目下のところ私の目指す第一の目的がこれである。

新しい精神的秩序の完全な概要を得るには、まず精神的権力固有の構成を度外視して、その権力が果たすべき諸機能を一つひとつ検討してから、次に近代文明の性質と正確に対応する精神的権力の組織が担うべき一般的性格を検討しなければならない。以下の説明は、まず第一の考察〔精神的権力が果たすべき諸機能の検討〕に充てられるが、そこでの考察は、結局のところ社会は主にどのような点で精神的な統治が必要なのかを分析することに集約される。その第二の考察〔精神的権力の一般的性格の検討〕は後日検討することにしよう。この〔二つの考察の〕区別は、(13) 公共の理性 raison publique の自然の歩みに則して決定されている。というのも公共の理性は、新たな道徳《モラル》的権力の真の組織をはっきり理解するよりも先に、まずその権力の必要性を強く感じるに違いないからである。このように近代社会が目指す新たな精神的秩序を全体的に示してから、その仕上げの作業として、この巨大な再建運動が今日到達した地点を起点に、事物の性質上辿ることになる一般的な進路を検討することにしたい。

近代の精神的権力の権限とはどのようなものか、その明確なイメージを経験的に摑みたいなら、まずはカトリックの聖職団が完全な自立を遂げていた最盛期、つまりおよそ十一世紀半ばから十三世紀末にかけて、その聖職団の有していた権限を注意深く観察するのが手っ取り早いであろう。なるほど、この二つの権力〔近代の精神的権力とカトリックの精神的権力〕は、その哲学的土台の点でも、両者の有する社会関係――したがって両者それぞれの影響力の行使の仕方――の点でも、本質的に異質であり、多くの点で正反対ですらある。しかし、ここで明確にしておきたい本質的な論点であるその活動範囲と影響力に関していえば、カトリック聖職団が各社会関係に対して規制を加えたように、新たな政治体制において近代精神的権力が担う権限も同種のものであると言ってよい。さらに、この新たな体制は、旧体制よりもはるかに平和裏に、しかも新体制の性質を事前にさらに精査して置けばその体制の最良の理解が得られるに違いない一段と開明された時代に樹立されるはずなので、この体制に精神的権力が介入しても世俗的権力の抵抗に遭うことはほとんどなく、したがって精神的権力の働きはそこでは一段と明瞭かつ完璧となることは確実であるようにさえ思われる。ただ、この〔両権力の〕比較検討は、これ以外の方法ではまず得られないほどの正確度を有している点でいかに価値があるとしても、二つの文明状態の間に横たわるかなりの相違を捨象できる人々か、あるいは逆にこの相違のうちにも両者の正当な影響関係を認めることのできる人々にしか有益ではあるまい。しかも、彼らのうちでも、中世の精神的体制に反対する今日の批判学説があまねく広めている有害な偏見から十分に解放された精神でもって過去を研究してきた人々に限られよう。したがって、大方の読者がこの比較を誤用して、私の意見に対してひどい誤解を抱くことになるのはまずもって避けられないように思われる。私はこの比較を利用できる人々に向けて自分の見解を述べるのが適切だと判断したわけであるが、しかしここではこれ以上立ち止まらず、近代精神的権力の諸機能を考察するためにさっそく議論に入ることにしよう。

統治という観念を捨象して、社会という観念を考察することは有用であり、ある場合には必要でさえあるかもしれないが、この二つの観念が実際には分離できないことは広く認められている。というのも、現実のどんな集まり《アソシアシオン》もそれが末永く存続するには、一般的秩序の下に諸部分を結束させることを目的に、ある程度の範囲で全体が部分に対して指導的ないし強制的な不断の影響を与えることがどうしても欠かせないからである。部分はその性質上、多少とも常に一般的秩序から離れていく傾向があり、しかも自らの個別的な衝動に完全に身を委ねるようなことにでもなれば、この乖離はどこまでも拡大していくであろう。さて、この全体の影響は物質的作用と精神的作用の二種類の働きから成っており、両者は併存してはいるが、その基礎の面でも様式の面でも完全に異質である。物質的作用は直接に行為に関わるため、ある行為を促すこともあれば、また別の行為を妨げることもある。この活動は、結局のところ〔物理的な〕力に、あるいは同じことだが富に基礎を置いている。というのも、もともと軍事力の優位と結びついていた世俗の権能が文明の進歩によって産業の優位へと移っていくにつれて、近代人においては富が武力の等価物となったからである。次に、精神的作用は意見・気質・意志、要するに精神的傾向を統御することにあり、この活動の基礎は、結局のところ知性と知識の優位性に由来する精神的権威にある。このように、不対等な二種類の巨大な作用が社会秩序の維持に協力しているのであって、どんな社会もそうした作用に依拠して成立しているのである。

統治に関するこの二つの一般部門がさまざまな階級で見られるようになるほど文明が十分に発展――これこそ中世に起こったことである――して以来、この両部門の区別は誰の目にも明らかとなり、それを表現するために世俗的権力と精神的権力という名称が考案された。このことからしても、この二つの名称の取り合わせは、まずそれが作られた時代の支配をいまだに想起させるとしても、少なくとも暫定的には、新たな社会状態のためにこの名称を使い続けても不都合はないであろう。

したがって、精神的権力固有の目的は、言論の管理、すなわちさまざまな社会関係を司るべき諸原理の確立と維持にある。この全般的な機能は、関係する個別の部門の数だけ分割される。というのも、精神的権力が十分に組織されている、すなわち所定の文明の状態と正確に釣り合いが取れている場合に、この権力が影響を一切与えないような社会的事実など、いわばまずありえないからである。それゆえこの権力の主たる権限は、一般・特殊を問わず、まず第一に教育の管理ということになる。ただ、この言葉を最も広い意味で理解するなら、そして当然にも、各人の生活の場である社会秩序に彼らを順応させて、個人が果たすべき個々の使命に可能な限り彼らを従わせるのに必要な思想と習慣の全面的な体系という意味でこの言葉を理解するなら、とりわけ初等教育が重要となる。この大きな社会的役割〔教育〕にこそ、精神的権力の働きの最も顕著な特徴が現れる。なぜなら、これ以外の場合はすべて、精神的権力の影響は程度の差はあれ世俗的権力の影響のせいで複雑化するのに対し、この場合の社会的機能は独占的に精神的権力が握っているからである。教育を介することによって、精神的権力は自らの権能を決定的に証明すると同時に、まさにその全般的権威の最も堅固な土台を打ち立てることができるのである。教育というのは、その表現をかなり例外的に拡張して、若干の哲学者の例にあるように、青年期の修練だけでなくその必然的な成果にして完成形である大人に与える大きな影響もそこに含めるなら、精神的権力のナショナルな機能をすべてカバーしているとさえ言える。この二番目の精神的機能〔大人への影響〕は、個人に対しても大衆に対しても、彼らに植えつけられた諸原則を絶えず活動的生活のなかで改めて提示することで、彼らが原則を破るような場合には――精神的手段が有効である限り――再びそれを守るよう呼びかけることにある。*

＊　精神的権力は、この二種類の機能〔青年期と壮年期への影響力の行使〕に加えて、もちろん学者の共同体として、直接・間接を問わず、社会的作業の全体に諮問的な影響を与えている。しかし、この第三の権限は、目下のところ極めて悪しき不完全な教育を念頭に議論されているために、ひどく広範かつ主要なものであるとさえ今日では思われているのであるが、十分に秩序だった社会体制を考察する場合には、先の二つの機能のうちのどちらかに本質的には組み込まれている。そのようなわけで、この要約的な概論ではこの権限に特に触れることはしなかった。というのも、教育がその理想的な状態にある場合は、個人も大衆も、彼らが生まれ育った時の原則以外の一般的原則に従うことが実際に必要になることはまずないからである。ただし、彼らは当然にもこうした原則を忘れたり誤解しがちなので、彼らにそれを思い起こさせて、実行させるために説明を施す必要はある。一般的・特殊的を問わず、社会の欲求が新たな原則を実際に要求する場合、その請求先は常に精神的権力である。この権力こそ、理論的知識の開拓を担う階級として、新たな原理を一様に提供し、教育システムのなかにそれを適切に導入すべきだからである。

精神的権力の一般的機能を一国民に限って考察した場合の概要とは以上の通りである。しかし、諸国民間の関係の場合は、また新たな種類の権限が精神的権力に割り当てられることになる。それはまさに先の二つの権限をもっと大きなスケールへと移し替えたものにほかならない。抽象的に考えれば、この精神的権力の権限が地理的に及ぶ範囲は、人類の全集団がほとんど同じ文明状態に達したと仮定するなら、人間が地球上で居住可能な土地の限界に事実上等しいものとなるであろう。というのも、精神的な結びつき《アソシアシオン》は、その性質上、当然にも無限に広がることが可能だからである。しかし、現実的に考えれば、精神的権力の権限は、ある程度の不変的な共同性を保てるほど十分に似通った社会状態を有する諸国民――しかも互いに独立した世俗政府をそれぞれ必要とするほど大きな多様性も見られる諸国民（たとえばヨーロッパ諸国民がそれに当たる）――までしか及ぶものではない。なぜなら、〔各国間に〕こうした類似性が現れるようになって初めて、もろもろの継続的な関係をすぐに樹立する必要が出てくるからである。諸国民の間に規制を設けて一様の一般的原理に従わせることを目的とした一定の共同管理の可能性も、その必要性も、どちらにしても結局のところそこに由来しているのである。

カトリックの哲学者たちが、このヨーロッパ規模の統治のなかに精神的権力を特徴づける主要な権限を看て取ったことはなんら驚くに当たらない。精神的権力〔ローマ教会〕がこの権限を完全に掌握するのはこの上なく自明かつ当然だからである。所定の各社会状態において、同じ精神的体制下にいる一定数の人間からなる集団《アソシアシオン》は、確かに同じ世俗的統治下にいる人間の集団よりも必ずいつも先行してきた。このことは、ヨーロッパ規模の秩序と同様、ナショナルな秩序においてもまったく正しい。しかしこの事実は、ナショナルな秩序よりも、ヨーロッパ規模の秩序のほうがはるかに容易に確認できる。というのも、ナショナルな秩序の場合、二つの権力は常に併存してきたのに対して、ヨーロッパ規模の秩序の場合、事物の性質上、精神的集団はいかなる世俗の集団が登場するよりも遙か以前から常に活発であったからである。そのため、精神的集団だけは旧政治体制でも存続することができたのに対して、逆に世俗の集団のほうは、どのような体制下であれ、それがこの先存続するのかどうかもまだ不透明でさえあるのである。

精神的権力の有する役割の疑いえない二つ目の大きな目的は、以上の通りである。つまり、全ヨーロッパ諸国民――一般的には可能な限り多くの数の国々――を同じ一つの精神的共同体《コミュニオン》に結集させること、である。精神的権力の権限リストを補完するこの最後の役割も結局のところ、これまでの機能と同様、さまざまな国民に対する一律の教育システムを不断に確立し、その必然的結果であるところの一貫した影響をあまねく及ぼすことに帰着する。まさにこの役割のゆえに、精神的権力は当然にも、さまざまな国民とその世俗のリーダーたちに対する権限の一端を担っている。たとえば、集団訴訟が必要なケースの場合、彼らの間の紛争〔の解決〕を精神的権力の仲裁に委ねさせ、望むと望まざるとにかかわらず、この裁定から共同の精神的感情を彼らに受け入れさせるためには、こうした権威はどうしても必要だからである。

　要するに、諸個人の生活と諸国民の生活は、思索と行為、言い換えれば資質と結果が交互に作り上げたものなのである。大抵の場合、この二つの事柄〔思索と行為〕は実際には互いに入り組んで存在している。精神的権力固有の目的は、もっぱら思索に対して直接規制を加えることにあるのに対して、世俗的権力の目的は行為に対してそうすることにある。この二つの権力は、互いにその持前の活動領域に――少なくとも人間が区別できる限りで――きちんと収まっている場合には、常にどちらも正常に行動する。もしそのうちのどちらかが、この限度を超えて、他方の何がしかの役割を侵犯した場合、それは越権となる。ただ、それが意味しているのは、どちらの側からであれ、こうした侵犯が一定の状況下でどうしても必要になった、あるいは一時でも再び必要となる場合があるからといって、そのような状態が正常であるわけではない〔異常な状態のなせる業である〕ということである。人間組織は知性の面でも情念の面でも不完全であるので、われわれが完全な成功をいつの日か手に入れるなどという希望が、その他の場合はもちろんこの場合でも禁じられているのはもとより疑う余地のないことなのだが、たとえそうであっても政治政策が常に目指すべき秩序モデル ordre-type とは以上の通りである。[14] *

* 哲学的な次元では、精神的影響と世俗的影響は両者の性質上、常にはっきりと区別される。だが政治的な次元では、こうした大まかな区別は常に可能なわけではない。というのも、統治に付随する些細なケースが大量に存在する――この場でいちいち指摘する余裕はないが――からである。こうしたケースでは、精神的影響と世俗的影響が同じ手の中にほぼ等しく集まるのは確かにどうしても避けられまい。ただ、両権力の分割というこの基本原理が要請するのは、いかなる個人でも階級でも、あくまで両方の権力を高いレベルで同時に所持することは決してあってはならないということである。この要請は容易に実行可能であるというだけでなく、遥か昔の時代から、とりわけ近代の社会体制では不可避的ですらある。

このように、所与の社会状態内における精神的権力の在り方について一般的な説明を加えて、その考えを明確にしてきたが、これを終えてしまえば、これまで見てきた諸考察を個別に扱うことによって、次の主張を確証するのは容易となる。すなわち、精神的権力は、それがきっちりと再組織されれば、中世の体制に劣らず近代文明の体制でも多大な影響を与えることが可能であるというのがそれである。中世の体制はここでは特に取り上げることはしないが、これについてはカトリック哲学者たちの著作を参照願いたい。とりわけド・メストル氏は、その著作『教皇論』において、旧精神的組織の最も体系的で深遠かつ的確な議論を展開している。* さて、ここで何よりもまず重要なのは、近代諸国民に固有な社会状態――私見によれば、それは世俗面における産業活動の全面的な優位によって特徴づけられる――を前提として精神的権力を考察することである。

* 退歩学派の哲学者たち――特にド・メストル氏は今日その代表と目されているわけだが――は、カトリック体制を擁護するに際して、一つの社会内部から精神的権力を検討することにより、非常に重要ないくつかの一般的考察を提示した。しかし、このような抽象的な構想は、確かにこの根本問題をその真の観点から論じようとする人々に有益な示唆を与えることはできようが、体系的な一つの見解を打ち立てるために必要な正確さと同時に一般性が欠けている。近代社会とは本質的にまったく異なった中世社会の観察からもっぱら引き出された考察を、近代社会にそのまま当てはめようとするひどい軽率さがそのあちこちで指摘できよう。しかも、この構想は大抵の場合、もはや後戻りできないほどの破壊がほぼ完全に遂行されてしまった体制の再建計画を伴っているので、どんな精神的権力にも反対する全般的偏見を人心の現状から根絶するどころか、むしろ助長しがちなのである。こうした哲学者たちは、自分たちの時代とはまったく相容れないのではないかと、かなり漠然とではあるが心ならずもそう感じているために、このテーマに関して一種のためらいや躊躇を、過去に対する自分たちの判断にまで抱いているようにさえわれわれには思われる。
それゆえ、哲学的な側面からいえば、これらの仕事は旧体制の真の一般的性格を明らかにし、人類がこの体制に負っている多大な恩恵をきっちり評価させるのには優れて有効だが、あくまでそうした単なる歴史的価値しか有していないのである。確かにこの点に関する退歩学派の構想は、事実の次元に完璧かつ直接的に合致している点で、十全な価値を有している。というのも、彼らの構想はこの次元のために、あるいは

むしろそれに合わせて体系化されたからである。しかし、今日の社会の精神的再組織に関していえば、こうしたあらゆる仕事にもかかわらず、この問題にはまったく手が付けられていないと言わねばならない。
もっとも、退歩学派の政治的影響は、主要な点ではなお今日でも極めて有益であり、しかもある程度の間は――間接的かつある種消極的にではあるが――必要でさえある。なぜなら、この影響は一方で、どんな現実的組織化も妨げる批判学説の全面的支配から社会を防衛するのに欠かせない防壁となっているからである。それと同時に、この影響は他方で、近代文明に固有な精神的体系を最終的に作り上げ、古い精神的体系に取って代わるほどの全体的な一貫性をこの体系が受け取れるように近代文明を強く促すためには、やはり重要なカンフル剤として作用するからである。この意味において、退歩学派の影響は、その方法は別にしても、批判学派の影響とまったく同様に必要なものであり、同時代に存在しても当然おかしくないのである。

実証的秩序の社会組織は、それを全体と細部の両面から検討するなら、まさに分業を適正化することと以外の何物でもない。ただこの分業という表現は、この場合、経済学者らが与えたようなどこまでも狭い意味ではなく、*最も広範な意味で理解してもらいたい。すなわち、理論的にも実践的にも、いろいろな種類の仕事が共に同じ一つの最終目標に向かって協力しているとみなせる場合にはすべてこの表現を適用し、しかも個人レベルの専門領域はもちろん国家レベルの専門領域もこの表現に含めている。実際、個人間であれ、国民間であれ、個々の活動がますます区分されて専門化を遂げてゆくことは、人類を改善する一般的手段をなしていると同時に、絶えず必然的な反作用を受ける点で、その手段の不断の帰結でもあるからである。**この専門分化によって、当然にも社会はますます拡大を遂げるようになり、そして地球上の諸法則によって定められている人類の前進的活動の期間がもし必要なだけ延長されるなら、こうした社会が早晩人類全体を最終的に覆い尽くすのは間違いないだろう。この観点からすると、社会組織の内部ですでに起こった、あるいはこれから起こる現実的な進歩に関していえば、仕事の最適配分がすでに実現されたことが、あるいはこれから確実に実現されることが、その進歩の最終的な成果であるとみなすことができる。なぜなら、もし各人ないし各国民が、その本来の資質、その来歴、そして自らが置かれている特殊な状況に応じて、自分に最適な活動分野に専門的に従事できれば、個人の幸福の面でも、全体の善き調和の面でも、完璧な社会秩序となるのは間違いないからである。そしてこれはまた、別の見方をすれば、まさしく完璧な分業にほかならないといえよう。なるほど、このような秩序は、どんな時代になっても完全には実現しないだろう。しかし、人類は、どれくらいの距離を残しているのかは確定できないとしても、徐々にそこに近づくことを絶えず目指すのである。こうした傾向は、とりわけ近代諸国民の間でますます有力となっている社会状態〔実証状態〕において最も直接的かつ顕著に表れる。なぜなら、〔近代社会の〕産業活動を〔封建社会の〕軍事活動と比較するなら、その特徴は次の見事な特質に求められるからである。つまり、個人レベルでも国民レベルでも、産業活動の自由闊達な発展は、それ以外の個人や国民の活動をまず圧迫する必要がないどころか、むしろ逆に万民の協力を受け入れることはもちろん、ある程度の範囲では、必然的にその協力を呼びかけさえするからである。以上の自然な帰結として、人間と国家はますます広範囲に一層平和的な人々のつながり《アソシアシオン》を形成するよう絶えず促されることになる。

＊ 経済学者たちは、人間精神の一般的な歩みが彼らに用意した研究の不完全な性質のせいで、極めて不十分な観点からしか社会状態を考察できなかった。そのため、これは容易に理解されることだが、厳密にいえば彼ら自身が分業原則の発案者であるのに、この原則の適用範囲をひどく狭く取ってつまらない場面にしか認めることができなかったのである。ただ、アダム・スミスの名誉のために述べておくと、彼は一番最初にはっきりとこの大原則を実証的に構想しただけでなく、後継者の誰よりもはるかに高度な視点からこの原則を提起していたのである。

＊＊ この段落と次の段落で考察されている内容は、その性質上、実践的次元と同様に理論的次元にも当てはまる。だがここでは、もっぱら実践的次元に考察を絞るべきだと考えている。というのも、そこから精神的権力の必要性を導き出すことが私の当面の主たる目的だからである。

しかし、分業は、この最初の側面から考察した場合には、人間の改善*と社会状態の発展の一般的原因であるとしても、これもまた当然の別の側面から眺めるなら、頽廃や解体へ向かう不断の傾向、つまり統治——特に精神的統治——の働きを絶えず増やすことによって抑え込まなければ最終的にはすべての進歩を停止させてしまう、そうした傾向も分業には見られるのである。実際、こうした不断の専門分化から、各個人や各国民が日頃からますます視野の狭い観点に立てば立つほど、それだけ私的な利害に突き動かされるようなことが結果的にどうしても起こってくる。それゆえ、精神は一方では鋭くなるとしても、他方では疲弊してゆくことにな

**る。同様に社会性《ソシアビリテ》も、それが広がれば広がるほど、持続力を失ってゆくことになる。これにより、一個人であれ、一国民であれ、それぞれの個々の活動が、並行してますます複雑化していく社会活動の全体とどのように関係しているのかが、自分自身の能力ではだんだん把握できなくなっている。その一方で、彼らは、まさしく日増しに見えにくくなっている公共の利益から、自分の個人的な利益をますます切り離そうとしているのである。分業のこの弊害は——その利点も同様なのだが——事態の性質上、明らかに絶えず増え続けている。したがって、もしこの弊害を完全に放置し続ければ、その利点までも打ち消してしまうであろう。以上のことから、精神的な力と物理的な力の二つの力から生み出される特殊な使命を担った不断の作用が、すなわち、やたらに自分たちの間で対立しがちな人々を一般的観点にいつも連れ戻し、公共の利益から絶えず遠ざかってゆく活動を公共の利益の側に再び引き入れることを使命とした作用が、絶対に必要となるのである。またこうした介入は必要であると同時に、分業から必然的に生ずる多様な不平等が当然にも進行するにつれて、この種の作用に欠かせない精神的ないし世俗的なヒエラルキーがこの進行自体から樹立されることになるという意味で、可能でありかつ避けがたいものなのである。統治の一般理論に関する真に基本的な観点とは以上の通りである。このように統治の方法はすべて、分業の有益な影響に比してその有害な影響をできうる限り和らげられるように、各時代の社会内部で形成される自発的なヒエラルキーを適正化することにある。

* 言葉が未熟なために、私は改善 perfectionnement とか発展 développement といった言葉を使わざるをえない。このうち改善という言葉――比較的明瞭だとはいえ発展という言葉さえも――は、私が一切論じるつもりのない絶対善とか無限の改良といった考えを通常は連想させる。私にとって、こうした言葉〔改善と発展〕は、確定された諸法則に従って人類の状態がある一定の連鎖の下に継起していることを社会物理学として提示するという、単なる学問的な目的を有しているにすぎない。つまりそれは、生理学者たちが不断の改良や悪化といったどんな必然的観念とも終始結びつきえない一連の変化を言い表すために個体の研究で用いている使い方と、完全に類似した用法である。

** 経済学者たち、とりわけセー氏[15]は、果てしなく押し進められる分業のこうした不可避的な帰結に気づいていたが、ただそれは、彼らの偏狭な観察対象であったものと同じ些細なケースに限られていた。

以上の考察はとりわけ近代文明のシステムに当てはまるのであって、これは先ほど見た対照的な考察〔分業の利点〕の場合とまったく同様である。この〔近代文明の〕社会状態は分業が最も進み、個人間であれ、国家間であれ、その他のどの社会状態よりも分業の不断の拡大をどうしても被らざるをえない状態にあるため、そこでの分業にまつわる弊害は、その利点と同じく必然的に一段と顕著となる。この社会状態は、第一の観点〔分業の弊害〕からみればそれよりも古代民族の社会状態よりも劣っているが、同時に第二の観点〔分業の利点〕からみればそれよりも優っているのである。このことは、自分の立っている観点から一様に独断的な判断を下して〔近代と古代の〕どちらかを好んで称賛したり、あるいは非難したがる人々に対して、豊富な議論の材料を与えるだろう。実際、これは誰しも気づくことだが、精神の全体性や政治的活力の点からすると、古代民族*は近代人よりも優れているが、同時に知識の広さや社会関係の全体性の点からすると、彼らは近代人よりも劣っているのである。以上のことからわかるのは、両者がこのように対照的なのは決して偶然ではないということである。それゆえ、互いに相容れない二種類の優越点〔古代人の長所と近代人の長所〕を新たな社会秩序のなかで融合させようとする悪しき傾向を徹底的に追放するために、両者が対照的である原因を掘り下げることが間違いなく重要となる。

* 古代民族の社会が有する特殊な性格を観察する場合は、当然のことだが、実際の社会を覆っていた階級の存在を念頭に置く必要がある。すなわち、自由人および一般的に一種の家畜とみなされていた奴隷がそれに当たる。人類を一つの集団としてみた場合、人類の境遇はこの時代以降、大幅な改善を遂げたのは事実だが、この留保をつけたとしても、本文で示した観察はやはり疑いえない。

いずれにしても、統治の一般的機能を説明した上記の最後の考察〔分業への介入〕を、統治の一段と幅広い目的から、とりわけ近代文明の体制の面から考えるならば、明らかにこの考察は優れて精神的権力に当てはまる。それが示すところによれば、事物の性質上、新たな社会状態におけるこの権力の介入行動はそれ以前のどの社会状態よりもその規模の広さでは優っているが、その強度の点では劣らざるをえないからである。実際、分業の全般的な弊害は、文明が

郵　便　は　が　き

おそれいりますが切手をおはりください。

101-0052

東京都千代田区神田小川町3-24

白　水　社　行

購読申込書

■ご注文の書籍はご指定の書店にお届けします．なお，直送をご希望の場合は冊数に関係なく送料300円をご負担願います．

書　名	本体価格	部　数

★価格は税抜きです

(ふりがな)

お　名　前　　　　　　　　(Tel.　　　　　　　　)

ご　住　所　(〒　　　　　　　)

ご指定書店名（必ずご記入ください） Tel.	取 次	（この欄は小社で記入いたします）

『白水iクラシックス コント・コレクション 科学=宗教という地平』について（9610）

■その他小社出版物についてのご意見・ご感想もお書きください。

■あなたのコメントを広告やホームページ等で紹介してもよろしいですか？

1. はい（お名前は掲載しません。紹介させていただいた方には粗品を進呈します） 2. いいえ

ご住所	〒 電話（ ）		
（ふりがな） お名前	（ 歳） 1. 男 2. 女		
ご職業または学校名		お求めの書店名	

■この本を何でお知りになりましたか？

1. 新聞広告（朝日・毎日・読売・日経・他〈 〉）
2. 雑誌広告（雑誌名 ）
3. 書評（新聞または雑誌名 ） 4.《白水社の本棚》を見て
5. 店頭で見て 6. 白水社のホームページを見て 7. その他（ ）

■お買い求めの動機は？

1. 著者・翻訳者に関心があるので 2. タイトルに引かれて 3. 帯の文章を読んで
4. 広告を見て 5. 装丁が良かったので 6. その他（ ）

■出版案内ご入用の方はご希望のものに印をおつけください。

1. 白水社ブックカタログ 2. 新書カタログ 3. 辞典・語学書カタログ
4. パブリッシャーズ・レビュー《白水社の本棚》（新刊案内／1・4・7・10月刊）

※ご記入いただいた個人情報は、ご希望のあった目録などの送付、また今後の本作りの参考にさせていただく以外の目的で使用することはありません。なお書店を指定して書籍を注文された場合は、お名前・ご住所・お電話番号をご指定書店に連絡させていただきます。

段階的な発展を遂げるのと同じ必然性によってますます不可避的に増えてゆくのであるから、とりわけ近代国民の社会では、それだけますます思索者団体の影響力を見せつける必要が出てくる。というのも、常に一般的観点の考察を自らの専門とするこの思索者団体は、まずその使命として個人や国民に向けてこの一般的観点の考察を絶えず呼びかける集団だからであり、次に、対立と孤立を引き起こす多くの原因となっている実利的な動きのなかにあって、この団体の本来的に有する性格と社会的に独立した立場から利害関係と無縁である点で、その私益を公共の利益——大多数の場合、この団体はこの利益の適切な代弁者とみなしうる——に合致させるのに優れて適した団体でもあるからである。ただ、この全般的な概要を補足するために、全体的な統治活動の不断の展開には、社会の精神的指導と世俗的指導の区別があることを明確にしておく必要がある。

すでに指摘したことだが、人間社会のメカニズムを十分に掘り下げて観察すれば、各政治体制における精神的権力の形成は、一人の支配者に二つの権力が握られていた体制でさえ、常に世俗的権力の発展に必然的に先行したことが認められる。したがって、その最も典型的な例でいえば、ローマの政体は当初はエトルリアの政体と同じく本質的には神権政治体制であった。その後、この政体は極めて異なった性格を持つようになったとはいえ、ローマの貴族たちが自らの権力の基盤をどこに置いたかといえば、やはり聖職団としての自分たちの権威のなかだったのである。実際、一般的にいえば、教義の一致およびそれに由来する感情の一体感に基礎を置く精神的結束《アソシアシオン》は、事物の性質上、利害の一致に基礎を置く世俗的結束に先行しなければならない。なぜなら、まず世俗的結束は、精神的結束なしには存続しえないからである（つまり、ある程度の原理上の一致を見ずして、〔世俗の〕利害がそれだけで十分に一致することなどありえないからである）。また他方では、個人間でも国民間でも、真に完全な安定した社会は、二つの条件〔精神的結束と世俗的結束〕がある程度まで同時に満たされている社会以外には確かに存在しないのだが、それでも利害の対立が極端でない限り、この後者の条件〔精神的結束〕さえあれば〔世俗的〕結束の可能性を展望できるからである。文明が発展するにつれて、すでに述べたように、この二種類の結束はどちらも規模の点では拡大していくが、活力の点では減少することになる。しかし、この二つの結束には、両者の内的性質に起因する本来的な相違が次の点でやはり観て取れる。すなわち、精神的結束は世俗的権力の助けがなくても、ある程度は自力で存続できるのに対して、世俗的結束は精神的権力の助けがなければ単独では絶対に維持できず、しかも社会が複雑になるにつれて世俗的権力の領域が縮小する代わりに、精神的権力の領域は拡大することになるという点である。実際、世俗的に支配できるものは精神的に支配できないものだけである。つまり、言論では十分に支配できないものだけを、人は力で支配するのである。ところで、人間は文明化するほど精神的な動機に影響を受けるようになる一方、すすんで利害の和解調停に応じようとするものである。したがって、世俗的権力の働きは絶えず減少し、それ以前のどの状態にもまして新たな社会状態では慎ましいものとならざるをえない。だがこれに対して、精神的権力の働きは増大し、その他のどんな体制よりも、近代文明の体制において最大となるに違いないのである。以上のことから、批判学説がほぼすべての人心に今日及ぼしている傾向が、つまり新たな社会秩序を精神的権力抜きで考えようとするこの傾向が、いかに根本的に誤っているのかが了解できる。というのも、むしろ逆に精神的権力こそが、その本来の活動領域の枠内で、世俗的権力が自らの領域で行使するよりもはるかに巨大な政治的作用を及ぼすべきだからである。他方、世俗的権力の重要性はますます低下していき、少なくとも文明の上昇し続ける限り、結局のところこの権力は完全に世俗の一ヒエラルキーへと次第に還元されていく――この結末はどんな時代になってもおそらく完全に実現されることはまずないだろうが――であろう。

精神的権力のさまざまな役割を、ナショナルな機能もヨーロッパ規模の機能も含めたその全体から一瞥することにより、この権力の全般的な働きについて理解を得たところで、次はこの概要の仕上げとして、これらの機能をその主たる細目の面から考察しなければならない。

私に言わせれば、これらの機能全体の第一の分割――ここではこの分割だけで満足せざるをえない――は、精神的権力を二種類の大きな権限に区別することにある。つまり、一つはナショナルな権限であり、もう一つはヨーロッパ規模*の権限である。まずは、ナショナルな権限から考察しよう。

＊　精神的権力が国家間にその作用を及ぼすケースを表現するために、ヨーロッパ的 européennes と普遍的 universelles という二つの表現のどちらかを用いざるをえない場合、私は後者よりも正確かつ、しかも昔から慣用されてきた前者の表現を選ぶことにしたい。確かに、このヨーロッパ的という表現は、あまりに広範であると同時に狭隘でもあるのだが、何らかの時代に精神的権力の権限が及ぶ領域上の範囲に関して、いかなる予断も与えるものではない。

われわれがすでに見たように、この点でいえば、精神的権力の働きは、活動的生活のなかで人間の行動指針となる言論と習慣を何よりもまず教育を通して確立したのち、個人にも階級にも不断の精神的影響を一様に及ぼして、これらの基本的指針を実際に守らせることにある。＊それゆえ、現在の偏見に抗して、個人レベル・集団レベルを問わず、思考・気質・行動を対象とする精神的な統治が新たな社会状態に欠かせない主たる理由を検討することが重要となる。

＊　この要約的検討をできる限り簡略化するために、一般的には問題視されることのない論点にまで検討の幅を広げることは——これらの論点を通常の検討方法よりも合理的に提示することは有益であるけれども——差し控えねばならない。そういうわけで、私はここでは教育の持つ社会的部分だけを考察することにし、産業活動の指針となるべき一般的ないし特殊的な理論教育は考察の枠外に置くことにした。理論教育の準備は、もちろん精神的権力の本質的権限をなすものであるが、私はその必要性については強調しないでおこう。なぜなら、その必要性を疑う者など誰もいないように思われるからである。

教義主義《ドグマティスム》は人間の知性の正常な状態である。人間の知性は、それがこの状態から最も離れているように見える時ですら、その性質上、絶え間なくあらゆる領域でこの正常な状態を目指そうとする。なぜなら、懐疑主義《セプティシスム》とはまさに危機の状態にほかならないからである。それは、人間精神が教義の変更を迫られるたびに必ず引き起こされる知的空位期間の避けがたい帰結であると同時に、ある教義主義からまた別のそれに乗り換えるために、個人・人類を問わず用いられる不可欠な手段――懐疑の有する唯一の根本的用益がこれである――でもある。この原則〔人間の知性は正常な状態を目指すこと〕が、あらゆるレベルの観念において確認されるとすれば、ましてや最も複雑かつ重要な社会的観念にも当てはまるのは当然である。近代の諸国民は、その革命の時代に至るまでこの人間本性の絶対法則に従った。というのも、たとえ単なる破壊のためでも、実際に行動を起こす必要があるたびに、彼らは、その本質上、純批判的な思想に教義的《ドグマティック》な形式を与えるよう不可避的に導かれたからである。

個人にせよ、人類にせよ、自分たちが守るべき行動についていつまでも議論を重ね、理屈ばかりの不毛な活動にその生涯を捧げる運命にあるわけではない。もっぱら自然によって観想に充てられているわずかな部分を除けば、何よりも人類の全体にまず必要なのは行為である。とはいえ、どんな行為をするにも、先決的な指導原理があらかじめ必要となるが、個人や大衆ではそれを創始するのはもちろん、単に検討するだけの能力も時間もないわけで、彼らにできるのはそれを大多数の事例に適用することぐらいである。この根本的な考察は、知的側面に限っても、優れて活発な思索的階級の存在理由を決定的に示している。というのも、一般的な行動規則をその他のすべての階級に提供することを一手に引き受けるのがこの思索的階級だとすれば、この規則を作り出す能力もないその他の階級は、それに頼らなければもはや動きようがないからである。逆に、行動規則が〔思索的階級によって〕一度認められれば、その他の階級は適切にそれを実践に応用するために、自らの論理的能力のすべてを行使することが可能となり、その結果、結論や解釈に多くの異議が立てられた場合にも、思索的階級に知恵を借りることができるのである。

人間を単なる知的な存在として扱うだけでなく、精神的な側面からも考察するならば、やはり以上のような精神的指導の必要性は明白である。なぜなら、個人や集団がそれぞれ独力で、自分自身の幸福にも全体の善き調和にも最も適した行動計画を策定できると仮に認めたとしても、そうした教養が人間本性のなかで最も活発な〔反社会的〕衝動と大抵の場合ある程度は対立せざるをえず、したがって現実の生活に対して単独ではほとんどなんの影響も及ぼしえないのは、やはり確実だからである。それゆえ、こうした教養はきちんと組織された精神的権能によって、いわば生命を吹き込まれる必要がある。つまり、この権能の役目は、全体を代表して各人をこの教義に終始立ち帰らせつつ、この万人の同意から生み出される活力――人間の構造を当然にも支配している反社会的衝動を完全に克服できる、あるいはそれに対抗できるのはこの力だけである――のすべてを彼らに注ぎ込むことにあるのだ。

たとえ文明の進歩がこの先どうなったとしても確かなことは、社会状態とは、ある意味では不断の個人的充足《サティスファクション》の状態であると同時に、もう一つ別のやはり必然的な観点から見れば、不断の自己犠牲《サクリファイス》の状態でもあるという点である。もう少し正確に表現すれば、各人が行うどんな個人的な行為にも、社会を成り立たせるのに欠かせないある一定の充足感と同時に、ある程度はどうしても避けられないもろもろの個人的傾向の衝突のゆえに、社会の維持に必要なある一定の譲歩《サクリファイス》もそこには含まれているのである。なるほど、こうした基本的な感情〔譲歩〕の強さは相関的に上昇可能であり、実際、その感情はますます強まっている。まさしく人間の境遇を漸進的に改善させるのがこれである。しかし当然にも、これとは正反対の〔利己的〕感情もやはり存在している。しかも、人体組織上、常に快楽の増加と連動している諸欲求が激しくなるにつれて、この感情の強度も――避けがたい代償であると同時に必要な補正措置として――絶対的にますます強まっているのである。

およそ想像しうる最大の社会的完成は、当然のことながら、各人がそれぞれ最も適した個々の役割を常に全体的なシステムのなかで果たすことにある。ところで、このような極端かつ完全に想像上の状態（絶えずそれに近づこうとするとはいえ）においてさえ、人間は、誰も自分の境遇に見合った範囲内に個人的衝動を自分で抑えることはできないので、精神的な統治がやはり必要となるだろう。なぜなら、さまざまな個人に対して、満足の点でかなりばらつきのある役割を共通の合意の上で永遠に割り与えるのは、自然および社会だからである。自然の性向と社会の使命は、種類の点でも強度の点でも、限りなく多様であるのに対して、日常の〔個人的な〕支配的衝動はこの二つの点においてさえ、どんな人間でもほぼ同じである。あるいは少なくとも、この衝動はどんな人間であれ、その境遇がいかに違っていても、他人のうちに認められるあらゆる快楽を求める自然な欲望を十分に呼び覚ますほど強力である。それゆえ以上のことからわかるのは、全体的な調和の点から望ましい規模に各人の衝動をできる限り削減することを目標に、公共の利益を個人的な利害におのずと優先させるよう子供の頃から習慣として教え込み、活動的生活の面で必要な影響力を行使しながら絶えず社会的観点に立った考察を行うことによって、人間の有する自然な徳性を専門的な作用〔精神的権力の作用〕を通じて発達させなければならないということである。以上のように害悪を根絶してくれる有益な〔精神的〕影響がなければ、社会は、勝手にのさばりかねない諸傾向を個人の影響の範囲内に抑え込もうとして、直接的な暴力や利害を通じて物理的に個人に対して絶えず働きかけざるをえなくなるので、このように世俗的規律〔の影響〕が最大限にまで過大視される事態に至るなら、秩序の維持はほどなく不可能となるだろう。だが幸いにも、事物の性質上、かかる統治形態の無条件な考え方は、粗暴であると同時に空想的でもあるので、単なる仮説の域を出るものではなく、またそれ以外のものでもありえない。実際には、世俗的な規制は、いかなる時代でも独力では社会的欲求を完全には満たしえない精神的な規制の補完物にすぎなかったし、今後もまたそうであろう。文明の自然な歩みによれば、世俗的な規制が絶えず弱まるとしても、不可避的な条件として、精神的な規制はそれに比例して強まるからである。

したがって、知的・精神的関係を問わず、次のことが立証されよう。すなわち、さまざまな社会関係において（そして、その社会関係に影響を及ぼす限りで、純個人的な生活においてさえ）個人の行動の指針となっている善とか悪といった観念は、健全などんな社会でも、適切に組織された精神的権威――この権威の全体こそ社会の指導的教義の本質を成している――が確立・保持する実証的規則によって、命令ないし禁止〔という観念〕へと還元されなければならないということである。* このことは、カトリック哲学が人間本性の深い洞察――それはどこまでも経験によるものだが、この哲学の際立った特徴をなしている――から、一般的帰結として体系化してきた人類古来の経験を説明している。つまり、この哲学がまさに示すところによれば、有能な権威が宣言したドグマを前提的な論証抜きにすすんで信じる状態、すなわち信仰 foi とは、公私の幸福に欠かせない堅固な土台となるべき基本的な徳目〔信徳〕だからである。確かにこれは、真の知的・精神的共同体《コミユニオン》を樹立・維持するのに欠かせない一般的条件をなしている。

＊　先の議論において、私は統治活動を指導的というよりむしろ抑止的な活動として集中的に考察した。その理由は、政治的思索の面で今日極めて広く支配している習慣に対して、この論証をよりよく適用するためである。だが同様の理由は、統治の考察を秩序の維持などというその消極的な目的だけに限定せず、個々の活動をすべて同じ一つの目標に協力させる積極的な目的から統治を検討する場合にも――しかも一段と強力に――当てはまる。私に言わせれば、この積極的な目的こそ、とりわけ近代の諸国民に固有の社会体制にお

ける統治の主たる役割だからである。上記で展開した二種類の考察をよく理解した読者なら、この二つの考察を問題の新たな側面にも簡単に当てはめることができよう。

原則として正常な状態の場合、指導的教義に対して個人ができることといえば、個別のケースにそれぞれ適用できる実践的指針をこの教義から引き出して、曖昧なケースが出てきた場合はすべて精神的機関に伺いを立てることぐらいである。教義の構築作業に関しては、それをどのような側面から検討するにせよ、各自で教義の部分的な修正を願い出る以外には、彼らは正当な権利を有していない。だがその一方で、ある意味では、教義だけではその実践的な目的を十分に果たしえないことも、経験の証明してきたところである。教義を修正する場合は、まずその必要性を確認してから実行に移されるが、当然にもその役目を担うのは、知識に長けた精神的権力である。少なくとも、正常な秩序とは以上の通りである。もしこれ以外の場合は、社会は多少の差はあれ完璧な真の革命状態にあるものとみなさねばならない。この革命状態は一時的とはいえ、ある特定の時代にはどうしても欠かせない状態なのだが、ただそれは〔正常な秩序とは〕まったく別種の性質を持つ特殊な規則に従っており、正常な状態だけを扱っているこの場では、それを検討する余裕はない。*

＊〔社会の〕再組織が必要であるという感情に比べて、公共の理性のほうが必然的に漸進的な発達を遂げてい

る事実は、ある一定数の人々がすでに到達した一時的な状態をおのずと示している。つまり、彼らは、社会学説の必要性を認めてはいるが、それに血を通わせることを特別な使命とする、正当な権威を帯びた一階級の重要性を相変わらず無視しているのである。この半信半疑 demi-conviction の状態は、まさしく手段もないのに目的を望んでいるようなものなので、政治的にいえば不毛である。しかし、その状態がかなり広範に広まるようになれば、間違いなくすぐにでも完璧な確信へと変わるだろう。なぜなら、知的にも精神的にも政治的にも、一般学説の必要性が実際に理解されるようになれば、どんな教義も創始者が必要であることはもちろん、〔知的・精神的・政治的な〕三つの関係のそれぞれにおいて、一般学説を解釈する代弁者がぜひとも現れる必要があることも、人々はすぐに気づくはずだからである。したがって、機能と器官の概念は、生理学と同じく社会物理学でも、事物の性質上、切り離すことはできないのである。

上記の二種類の一般的考察は、近代の諸国民が目指す社会状態〔実証状態〕にとりわけ当てはまる。なぜなら、この新たな状態の特徴はさまざまな機能がますます完全に細分化していくことにあるので、各自の持つ能力がどうであれ、人々は産業的・社会的を問わず、自分の行動に必要な教義のごく一部しか自分ではわからないからである。しかも、これに伴って一段と断片的となった各自の個人的な利益は、微々たるものとはいえ、大多数の場合、公共の利益から当然にも乖離していくからである。

今日一般的に広く感じられ始めている近代社会の明白な傾向は、本質的に産業的な状態へと歩みを進めているということ、そしてその結果として、支配的な産業的勢力が世俗的権力を掌握するような政治秩序へと向かっているということであり、しかも事態の自然な進展によって日増しにこの傾向は一層顕著なものになってゆくはずである。だが、一面的とはいえ極めて重要な現実への意識から生じるこの不可避的な進展によって、人々は社会の精神的再組織を見誤るどころか、看過さえするようになる。というのも、かかる進展の目指すところは、社会分析において圧倒的に純物質的な視点を重用する批判学説の生み出した習性――そして特に政治経済学が堅持している習性――の維持にあるからである。それゆえ、人々は、優れて産業的な生活様式に特有の多大な精神的・政治的利益だけしかもっぱら考慮しなくなるので、もし軍事的な旧来の社会関係が生んだ制度と習慣による社会関係の性格の歪み――今なお社会関係はこの状態にあるのだが――が解消されるのと引き換えに社会関係がひとたび完全に産業的となった暁には、ついには産業の利益があれば真の精神的組織などほとんど必要ない、あるいは少なくとも、もはや二次的な重要性しか持っていないと考えてしまうほど、産業の利益が誇張されることになるだろう。

この大きな事実を検討するわれわれの立場は、この事実の様相が人間の想像力にもたらす誘惑にとりつかれる芸術家のそれと同じであってはならない。われわれは、あえてこの事実の善し悪しを言い立てるのではなく、近代の政治思想全般にとっての基本データの一つとしてこの事実を認める観察者の立場に立って、できる限りそれをあらゆる側面から究明すべきだからである。ところで、こうした合理的立場から容易に了解されるのは、精神的権力の規律的・指導的作用は、完全に同じではないにせよ軍事的諸関係の秩序においてそうであったように、産業的諸関係の秩序においてもやはり必要だということである。以上このテーマに関しては、ここでは若干の一般的な指摘にとどめ、議論の流れからその必要が出てきた時に、折を見て補足・展開することにしたい。

社会の新たな状態に対応する世俗的秩序が――もっともこれは絶対に不可能なことではあるが――精神的権力の介入なしでも完全に成り立ちうると想定したところで、その防衛的な働きが奪われれば、こうした秩序がまったく維持されえないのもやはり確かである。精神的な統治を必要とする無秩序一般の原因はどんな社会にも内在しているが、軍事的体制には、その原因のほかに明らかにその体制固有の原因もあったとすれば、同じことは産業的体制にとってもまったく議論の余地なくそう言える。唯一違いがあるとすれば、両者〔軍事的体制と産業的体制〕の特殊原因は同じではないので、強度の点で違いがあるくらいである。*

* デュノワイエ氏[16]は、最近出版された著作で、文明の多様な連関状態に対する極めて卓抜な観察により、純産業的状態へと向かう現代社会の傾向を世俗面から検証することで、この新たな生活様式が究極的な完成状態であるかのように考えるひどい誇張に対して警戒姿勢を示した。彼は、その著作の最終章を、産業社会に固有な主たる弊害の丹念な分析に充てている。こうした〔弊害の〕枚挙は、今の私の考察とはまったく違う目的から構想され、まったく異質な精神から行われているとはいえ、ここでの私には手に余る議論の展開を直に補ってくれるものとして、この著作を読者に紹介するものである[17]。

なるほど、もろもろの個人的利害はその性質上、古い生活様式よりも新たな生活様式でのほうが、はるかに妥協が図られやすいであろう。このような喜ばしい特性のおかげで精神的規則の確立は一段と容易になるとはいえ、それが完全に要らなくなるわけではまったくない。なぜなら、〔個人的利害の〕対立は、あまり激しいものではないとしても、これまで決して消滅したためしはないし、接触が増えればそれだけさらに拡大さえするからである。だから、最も顕著な事例でいえば、経営者《シェフ》と労働者の間の反目がかつての兵士と奴隷の間にあった反目に置き換わることは社会秩序にとって非常に有益だとはいえ、それでもやはりこの反目は現実に存続している。ひょっとすると、もろもろの世俗の制度が、この二つの階級の物質的利害をさらに根本的に一致させて、一方の階級が他方に行う専断的な振る舞いを抑えてくれれば、こうした反目は一掃されるのではないかと人は期待するかもしれないが、それは無駄というものである。このような世俗の制度が規制をかけられるのは単なる物理的な対立関係だけであり、そうした関係の上にしっかりと安定した状態を築くことなどまず見込めるものではない。世俗の制度は、なるほどそれがいかに有益だとしても、やはり不十分なものであろう。というのも、経営者は自分の立場を濫用して〔労働者の〕俸給や仕事を減らしたいと考える一方、かたや労働者は自分の勤労生活では手に入らないものを暴力的に獲得したいとまで考え、両者のこうした願望はもちろんのこと、その可能性すら世俗の制度ではどうしても根絶できないからである。このような重大な困難を解決するには、経営者と労働者の相互関係に見合った義務を双方に課す精神的教義の不断の影響がどうしても必要となる。ならば、こうした教義に基礎を与え、それを維持することができるのは、両者の立場を全体的に見渡せるほど十分な一般的観点に立つことができ、しかも自分が仲裁に入るべき二つの対立する階級のどちらからも偏向の嫌疑を掛けられないほど実践活動に公平無私な精神的権力以外には、明らかにありえないのである。これ以外の大規模な産業的関係にも同じようなことが観察できる。たとえば、農民と製造業者の関係や、彼らの一方と商人の関係、あるいは彼ら全員と銀行家との関係がそれである。こうした多様な関係上のもろもろの利害は、他者の利害には一切目もくれず、まさにこうした関係自体の反目から生ずる原則以外に何も持ち合わせていないので、ついには直接対決の次元へ常に行き着いてしまうのは明白である。* それゆえ、ここから精神的規則の根本的必要性、つまりは利害を争う代わりにそれが一致する枠内——利害が絶えず突破しようとする限界——に利害を抑え込むのに必要な精神的権威の根本的必要性が帰結するのである。その上、これは簡単に証明できることだが、この精神的な働きは、それを二つの側面から考察した場合、以上の社会的諸関係の補完的な統制を目的とした世俗的制度を確立する際に欠かせない、もう一つ重要な役割を必然的に演じることになる。

* 産業活動の先進国が現在当惑している商業と製造業の危機、つまり多少の差はあれ重大な政治的様相をすぐにでも帯びかねないこの危機〔「ピータールーの虐殺」（一八一九年）以降のイギリスでの混乱を指す〕は、

公平な観察者として見れば、かつては軍事的関係に対してそうであったように、産業的関係に対してある程度の統治行動の必要性を検証するのに大変適している。なるほど、こうした弊害はその性質上、一時的なものではある。しかし、各人が自分の立場から勝手に判断することなく、しかも日頃から極めて特殊な観点に立つ人々から、一般的観点に貫かれた打算なき判断をいちいち要求されることもない、そういった一段と直接的で明確な――要するに正当な――保障が絶えず繰り返し脅かされ続けることに対して、社会秩序も個人的幸福も共に黙ってはいないのである。

政治経済学の論証によると、さまざまな産業的利害が必然的に一致するようになれば、それだけで利害関係はいつかは調整されるとのことだが、そうした期待はあまりにその論証の力を買いかぶりすぎていよう。* この論証に対して経済学者らが好き勝手に行っている論理的な操作――しかも極めて誇張された操作――を仮にすべて認めたとしても、それでもやはり確かなのは、第一点目として、人間はひたすら打算だけで行動するわけでも、それを中心に行動するわけでさえもないということ。第二点目として、人間は常に正確に計算できるわけではなく、むしろほとんどの場合不可能であるということである。十九世紀の生理学は、万人の経験を論証、ないしむしろ解釈することを通じて、人間とは自分の利益を唯一の行動指針とする本質的に打算的な存在であると考える形而上学理論の浅薄さをはっきりと証明している。

* 政治経済学を社会理論としてみた場合の根本的な誤りは、直接的には次の点にある。すなわち、政治経済

学は、人間社会が絶えず何らかの必然的な秩序へ向かう自発的傾向を、まったく取るに足らない若干の特殊な関係から確認して、そこから実証的制度による秩序の管理は無用であるという結論を引き出す権利があると信じ込んだ点にある。他方で、この重大な政治的事実をその全体から眺めるなら、それだけでも組織化の根本的重要性がしっかり認識されるようになると同時に、端的に組織化の可能性も証明されるはずである。

対象が個人であれ、階級であれ、もっぱら考察の出発点を私的な効用に置く限り、道徳《モラル》は、その公私を問わず、このように必然的に不安定で、無力なものとなるだろう。ところが、しっかりと組織された精神的権力の働きだけが有する指導的な精神的作用を受け入れず、しかもそれとは無関係に産業的精神が形成された場合、まったく別の純世俗的な精神も同様だが、この産業的精神もその性質上、不可避的に行き着くところがまさにこの状態なのである。もし、世俗的な活動からのみ引き出される直接的な衝動に全面的に社会がすべて身を委ねたと仮定するなら、古い政治秩序（これも同様の抽象的な仮説から考察したとして）に優る新たな政治秩序（この名称を当時使うことができたと仮定して）の現実的利点など、まさしく〔軍事的〕征服を〔産業的〕専制独占に置き換え、最強者の権利に基づく〔軍事的〕専制を金持ちの権利に基づく〔産業的〕専制に置き換えること以外には何も残らないであろう。もしこの仮説がいつか実現する日が来るとすれば、純世俗的な社会組織の、極端だが疑いえない帰結とは、まさにこうした状態になるはずである。だが幸いなことに、われわれの政治的観測がどれほど極端だとしても、〔実証体制が目指す〕社会は事物の性質からして、それに固有な逸脱行動の圧倒的な影響から守られており、しかもおのずから樹立される最終秩序〔実証体制〕は、人為的な政策によってそれまで作られてきたどの秩序よりも常に優れているのである。

新たな社会状態に精神的秩序が必要であることは、個人間ないし階級間の関係に対してだけでなく、純粋に個人的な道徳面にも表れている。人間本性の研究から導かれた一般的考察がまず証明するところによれば、大半の哲学者たちがいつの時代も指摘してきたように、社会的徳性の最も強固な基盤は個人の徳の習慣のうちに存するのであって、というのも、人間が自らの持つ有機的性向の有害な衝動を前にして自らの抵抗力を最終的に発揮する場こそ、この習慣にあるからである。しかし、この一般的な理由のほかにも、社会関係を有する体制であれば完全に個人に関わる行為がすぐさま全体にまで与える不可避的な影響というものが、近代的体制には独特な形で確認されるのであって、それゆえ社会の精神的規則がまた新たな視点から要請されるのである。その例を一つだけ挙げれば、マルサス氏の仕事以来、次のことは広く認められている。すなわち、生存の糧よりも急速に人口は上昇するという不断の傾向、とりわけ産業社会に特有なこの傾向は、人間の持つ最も活発な性向〔性欲〕にある程度の恒常的な歯止めをかける必要があることを示しており、その歯止めを十分なレベルで生み出すことができるのは――世俗の手段がこの本能を適正な範囲に抑えるために及ぼす影響がいかに否定できないとしても――、明らかに精神的権威をおいてほかにないというのがそれである。

先に示した一般的理由に従い、ここまでは社会関係の新たな体制における精神的権力の予防的ないし抑止的な働きだけをもっぱら考察してきた。精神的権力の重要性は、この体制におけるその指導的な働きも同じように考察するならば、さらに一段と明白となるであろう。

　新たな社会状態では、なんら特別な指導的作用を受け入れなくても、秩序がおのずと維持される可能性があることは、仮説の上では否定できない。しかし、たとえそうであってもやはり疑いなく言えることは、個人と階級が――その体制の性質上、大多数の場面で彼らが求められるように――集団的に行動するためには、社会教育に関する共通のドグマによって導かれる必要があるのであって、まさにこのドグマを確立する役目を担うのが精神的権力であり、引き続き現実の社会生活のなかで絶えずそれを作り出していくのもこの権力だということである。この視点〔教育〕に立つなら、教養の必要性はなお一段と強く感じられよう。というのも、この体制では個人の職階《クラシフィカシオン》はどうしても旧体制〔軍事的封建体制〕よりもはるかに流動的なので、それだけ各人は、自分が果たすべき個別の役割に対して当然にもそれほど準備が整っていないからである。生存条件が本質的に代々世襲だった時代には、家庭内の教育はいわば申し分のない一つの準備段階としてみなすことができた。しかし、何よりも個人の素質に応じて生存条件が決定される〔今の〕時代にあっては、もはや事情は同じではない。というのも、一般・特殊を問わず、そこでは公教育が、最初は大抵の場合ほとんど目立たないこうした素質を引き出して、しっかりそれを育てるための唯一の合理的手段として、はるかに多くの重要性を獲得するからである。したがって、この体制の精神に合致する社会的職階を確立・維持するためには、精神的権力の働きがそこでは一段と欠かせないのである。今日の知的・精神的指導の欠如に起因する、開花し損ねた素質の数々と多くの〔能力〕不相応な身分について考えてみていただきたい。また、個人にとっても社会にとっても、そこから生じる嘆かわしい帰結がどのようなものか予測していただきたい。そうすれば、先の考察がいかに重要であるかがおわかりいただけよう。

精神的権力をそのナショナルな権限に限って検討した場合、なぜ近代精神的権力が幅広い根本的影響力を担うべきなのか、その主たる理由は概して以上の通りである。

同様の一般的考察は、国際関係の規制に対して精神的権力が果たすべき必要な役割についても、そのまま当てはまる。それゆえ、注意深い読者であれば、先の議論から導かれた根本的観点に立って、すぐにでもこの役割を〔国際関係まで〕敷衍して展開できるはずなので、私がここで詳しくその説明の労をとるのは容赦願えよう。

この二つのケース〔国内関係と国際関係〕に横たわる根本的な相違は、後者の社会関係〔国際関係〕が最大級の一般性を持っている点にある。しかし、この区別は、ヨーロッパ規模の秩序における精神的権力の規制作用がどうしてもナショナルな秩序ほど強くはないことを示しているとはいえ、それと同時に、その作用が〔国内関係と国際関係の規模の違いを別にすれば〕本来的になおも欠かすことのできないものであり、とりわけその他いかなる作用によっても取り替えのきかないものであることも示している。

各国間の関係でいえば、中世の文明よりも近代文明のほうがはるかに広大な広がりと同時に強い一貫性を有しているので、なおのこと国際関係の規制は欠かせなくなる。旧来の体制においては、ヨーロッパ社会の集団活動はごくまれに散発的にしか行われなかったが、必然的に新たな体制では、恒常的とまではいかずとも、ごく頻繁に行われるようになるからである。こうした集団活動は、二つの国民ないしそれ以上の国民間の合意を前提とした共通の利害の働きによって決定されることもあれば、あるいはそれぞれの共通の利害のために先進諸国が後進諸国に行使せざるをえない、ある程度高圧的な全体的作用によって決定されることもある。ある一定の世俗的権力がいくつもの先進諸国民の間で同時に形成されるためには、おそらくこうした〔利害に基づく〕動機さえあれば十分事足りよう。しかし、どのような想定をするにしろ、明らかに疑いえないのは、各国に共通する一つの社会的教義〔学説〕を先進諸国民はただちに確立すべきであり、したがって、この教義の支持を集めてヨーロッパ規模の教育を組織してから、それを実際の諸関係に正しく適用することのできる精神的権力を樹立しなければならないということである。その時が来るまで、ヨーロッパの秩序は、絶えず危険にさらされ続けるであろう。確かに、専断的かつ不十分な（とはいえ今日でも暫定的には必要である）働きかけが旧来の世俗的権力の同盟関係を通じて行われてはいるが、こうした未熟な同盟関係では、その本質上、いつ解体してもおかしくないので、安全保障としては一切当てにはなるまい。*

＊　神聖同盟〔ウィーン体制下の君主間盟約〕の組織では、その完全に世俗的な性格のゆえに、そして（この性格に必然的に由来する）各構成メンバーの根本的異質性のゆえに、積極的な観点からはもちろん、単に消極的な観点から見てさえ、現実的な安定性も、十分な効果も期待できないことを、ラムネ氏ははっきりと証明した。この手の組織では、その性質上、旧来の精神的権力〔ローマ教会〕が中世に行使した全面的な働きに事実上匹敵するものを近代ヨーロッパに対して提供することは絶対に不可能であり、この中世の活動を本当に交代させたいのなら、それは何らかの精神的作用以外にはありえないことを、この哲学者は見事に立証したのである。

ただそうは言っても、神聖同盟の設立はやはり、旧来の社会体制の不可避的な解体の必然的帰結として考えるべきである。この解体によって、世俗的権力がとりわけヨーロッパ秩序のレベルで精神的権力を一時的に吸収する必要があったからである。また同時に、この同盟の設立は、精神的な空位期間が続く限り、何らかの臨時的秩序をヨーロッパに保つために必要な一つの手段――かなり不完全だとはいえ――だったという風にも、考えることができよう。革命的状態を正常な状態と同じ尺度で判断すべきではないからである。さらに付け加えるなら、神聖同盟の設立は、それをいわゆるヨーロッパの勢力均衡〔ウェストファリア体制〕の後釜と考えれば、ヨーロッパの再組織が必要であるという現実的感情――確かに曖昧で未熟な感情だが――を表明していると同時に、こうした秩序関係が直接的で恒常的な統治作用の下にあるのだと日頃から諸国民に――批判的偏見に抗して――教え込むことを通じて、ある意味ではヨーロッパの再組織を準備しているとさえ言うことができるのである。

上記のケースと同じく、ただそれよりも手短にここで指摘しておくべきことは、世俗的社会の未来像が未熟なせいで、現代人が主張しがちな誤った政治思想に関するものである。その考えによれば、各国民が完全な産業生活に達しさえすれば、それだけで国際関係は十分な統制がとれていることを示しているのだという。なるほど、この新しい〔産業的〕生活スタイルは、個人ないし階級の精神的結束《アソシアシオン》と同様に、幸いにも諸国民を容易に精神的に結束させる好都合な性質を有してはいる。とはいえ、個人や階級の場合でも、国際関係の場合でも精神的な結束がこうした生活にとって不要となるわけではなく、それどころかこの新たな生活スタイルは、それがいろいろな関係性を増幅・拡大させる限り、その結束をさらに必要とさえしているのである。もしヨーロッパの世俗秩序が完全に軍事的性格を失って純産業的性格を受け入れた際に、この変化が――これはどうみても矛盾を孕んでいることだが――適切な精神的再組織化を待たずに先走って、その指導も仰がず行われたと、一時的に仮定してみよう。この抽象的な想定でも、疑問の余地なく言えることは、もしさまざまな国民がひたすら世俗の衝動にひたすら身を委ねて、何らかの精神的権力が確立・維持するどんな共通の精神的教義にも従わないとすれば、このような体制はいかなる安定もまったく得られないだろうということである。なぜなら、個々の特殊利害は、それが行動指針の唯一直接の基礎のようにみなされた場合、個人や階級の道徳を樹立するのに役立つほど、諸国民の道徳をしっかり確立するのには役立たないからである。実際、人間がもっぱら打算だけで行動している（これは国民のレベルでも個人のレベルでも事実ではないが）という風に同じく想定したとしても、個人の幸福が有している万人の幸福との関係性は、間違いなくナショナルな秩序ほどには、ヨーロッパ規模の秩序ではほとんどリアリティを持たず、気づかれることもないだろう。一個人の幸福の現実が、極めて顕著な反社会的行動と完全に一致することは難しく、まずありえないことである。ところが、植民地の保護貿易体制〔禁制〕の創設以来、経験が十二分に証明してきたように、たとえ産業段階にあっても、一国の国民としては〔幸福の実現と反社会的行動が〕はるかに簡単に一致してしまうので、この事態はごく当たり前のこととなり、その結果、今でもこうした考えが支配的な見解となっているのである。知性の面についても同様のことが言える。たとえば、一人の個人としては、必要とあらば実践活動を止めてでも、ナショナルな観点に立つことができるし、彼が申し分のない知力の持ち主であれば、ある程度までその利点を理解することもできるだろう。ところが、ヨーロッパ的観点まで上昇しなければならなくなるや否や、事態はまったく困難なものとなる。なぜなら、極めて大多数の人間にとってはもちろん、ナショナルな世俗的秩序のリーダーたちにとってさえ、こうした努力が絶えず求められる〔ヨーロッパ〕社会の組織化など、明らかに不可能だからである。

さまざまな国民に固有の産業的諸利害は常に必然的に一致するなどという経済学者の誇大理論がどれほど無比な正確性を誇ろうとも、それが作り出す単なる説得力だけでは、個人間の関係どころか、ましてや国際関係を規制することなど到底不可能であろう。先進国の人々は、多少の差はあれはっきりと、今日では保護貿易体制から離脱しようとしているが、その結果は目に見えている。たとえその結果がこの上なく上首尾だったとしても、各国民が他国民に対する精神的義務の一切をはねつけて、今後も自分自身の利益を満足させる行動規制しか受け入れなくても許されるのであれば、産業的敵愾心がその装いも新たに再び頭をもたげてくるのは確実だからである。各国民のこうした自然な対抗意識を必要な範囲内に押しとどめ、ともかく正当な競争心へとそれを一様に還元して対処することのできる真に唯一の権能がある。それこそ、一般的教義が現実の国際関係に及ぼす権能にほかならない。というのも、この一般的教義を日頃から確立・宣言する役目を担う精神的権威は、万人の名において各国民に対して呼びかけて、自分の裁定を受け入れてもらうのに必要な根拠を、この万人の同意に求めるからである。

さて、以上の考察のすべてから導かれる帰結として、上記で打ち立てられた次の根本的命題を全体的な視野に立って仔細に確認することができよう。すなわち、近代の諸国民が歩みを進めている社会状態は、中世の社会状態とまったく同様に、積極的な面からみても消極的な面からみても、そして一般・特殊を問わずもろもろの理由からしても、ナショナルかつヨーロッパ的な一つの精神的組織（つまり知的・道徳的組織）を必要としているというのがそれである。

この組織の性質については、後日稿を改めて、同様の考え方からその主たる側面を検討することにしたい。これまで私がこの検討を必要な捨象として保留してきたわけは、すでにかなり複雑になっている論証を途中で中断させたくなかったためである。組織の性質の新たな検討――それ自体極めて重要であるのはもちろんだが――が開始されれば、この抽象的な観点に多少とも伴わざるをえない不明瞭さも、おそらく大多数の人々にとって一掃されるであろう。特に、精神的権力が話題になると、すぐに日頃の習慣から人々が一般的に着想しがちな悪しき解釈は、この検討のおかげで論駁されるはずである。せめてもの私の願いとは以上の通りである。(18)

ブルセ「興奮論」の検討（一八二八年八月）[1]

コントの墓に立つ母子像

十六世紀末以来、人間精神は、観察と推論という真の土台の上に樹立された人間の知識の全体系の段階的かつ全面的な改訂を主要目的とした、絶え間ない一つの全体的革命を経験してきた。それ以前のすべての時代の一貫した仕事——とりわけアラビア人の仕事以降——によって準備されてきたこの根本的変革は、デカルトの思想、ベーコンの教訓、そしてガリレオの発見が一挙に人間理性に及ぼした新たに大きな衝撃によってついに決定的となり、ほどなく実行に移された。この記念すべき時代以降、人間精神は、人間の知識の全部門において神学と形而上学によるこれまでの支配から永久にすっかり解放され、想像力を全面的に観察に常に従わせることを次第に目指すようになった——要するに実証哲学の最終体系の構築に向かったのである。

だが人間の知識の多様な部門のすべてが同じ速度でこの大変革を遂げたわけではなかった。人間知識の各部門が変革を遂げる順序は、それが扱う現象の複雑さと相互の依存の度合いに従う必要があったからである。生理学は、それゆえ自然哲学の全部門のなかで最も複雑かつ依存度の高い現象を研究するので、必然的にどの部門にもまして長いこと神学的空想と形而上学的抽象の束縛から抜け出すことができなかった。だからハラー、シャルル・ボネ、ドバントン、スパランツァーニ、ヴィク゠ダジール、ショスィエ、ビシャ、キヴィエ、ピネル、カバニスらの不滅の仕事のおかげで生理学がようやくこの有益な大変革に与れるようになったのは、天文学、物理学、そして化学がすでに実証科学となっていた十八世紀後半からだったのである。

しかし、この変革を全面的かつ効果的に遂行するには、知的・情操的現象にまでそれを押し進めていく必要があった。というのも、知的・情操的現象の変革は、その現象が一段と複雑であったことや、それに関する神学的・形而上学的理論が社会体制と直結していたために、動物にみられるその他の現象と比べてどうしても遅れをとらざるをえなかったからである。それゆえ、今世紀初頭に出版されたカバニスの心身関係論〔『人間心身関係論』一八〇二年〕は、当時までもっぱら神学的・形而上学的方法に委ねられていたこの種の研究を決定的に実証生理学の領域へと導く最初の偉大な直接的企てであったと言える。そして、この記念すべき研究が人間精神に与えた衝撃はとどまるところを知らず広がっていくことになった。この動きを一段と加速させたのがガル氏[2]とその学派の仕事であり、とりわけ討議と探究に強固な基盤を与えることで、生理学のこの最先端部門に高度な精確性が導入されたのはまさに彼らの仕事のおかげであった。この大変革は、確かにまだ広範な広がりを見せているわけではないが、それでも現代精神を真に有している人々の間では今日着実に浸透していると言ってよい。こうした人々は、知的・情操的機能の研究がそれ以外の生理学的現象のすべてと密接に関連しており、それと同様の方法と考え方でもって探究されるべきだと誰しも考えているからである。

　ところが、この点に関して人間精神の不可逆的な現実的方向性を見誤っている若干の人々〔クザンら折衷主義者のこと〕は、ここ十年来、ドイツの形而上学をわれわれの間に浸透させようと試みてきた。彼らは、心理学という名のもとに生理学とはまったく独立した、それを超えた自称科学を創始して、精神的 *moraux* と呼ばれる現象の研究をもっぱらこの科学に割り当てようとしたのである。その企ては今なお一時的に評判を呼んではいるが、その理由は主として偶発的な外的状況によるものにすぎず、もちろんこうした反動的な企てによって現実的知識の発展が止むことはなかった。とはいえ、それが多くの人々の思索の面で本来の哲学的精神の発展を遅らせ、知性の重要な活動を浪費させながら有害な影響を及ぼしたのは間違いないところである。

　こうした状況を敏感に感じ取ったのがブルセ(3)氏であった。彼は、その害悪を過大に言い募ることなく、今日のフランスの若者が引きずり込まれつつある曖昧かつ空想的な方向に反対するのがいかに重要であるのかを冷静に理解した上で、一般病理学の壮大な研究を一時中断してまでも、心理学の空虚さと不毛さをはっきりさせたほうがよいと考えたのである。これこそ彼の新著〔『興奮・狂気論』一八二八年〕の一般的かつ本質的な目的であり、その序文ではっきり宣言されている通りである。序文ではまた大胆にも、わが心理学者たちが――彼らの先駆者である神学者に倣って――論敵を追い込む手段に使ってきた唯物論という恭《うやうや》しい非難を乗り越えた立場にあることも表明されている。この点で、その卓越した仕事の価値とは別に、この書を刊行したブルセ氏は、良識あるすべての人の周知に値する真に勇敢な行動をとったと言える。もっとも、形而上学理論が今日要求しているその支配権の行使に対して公の議論を通じて反対することを、今日の学者たちが――実証研究に培われた知性にとって形而上学理論に抱かざるをえない深い軽蔑の念を学者たちも感じているにもかかわらず――どれほど慎重に避けているのかを知っている人でなければ、ブルセ氏のこの行動の真価を正しく感じ取ることはできないであろう。

ブルセ氏の著作は、氏が目指した主たる目標を完全に達成した。彼は、これまでの生理学者が誰もなしえなかったほど深いところまで議論を展開し、心理学者が人間科学の基礎として推奨するいわゆる内観法に直接検討を加えたからである。

ベーコン以来、実証科学が獲得してきた影響力は、心理学者をして、失墜した形而上学を再興させるには自分たちの仕事も観察に依拠しているように見せかける必要があると思わせるほど、今日では非常に大きなものとなっている。その結果、心理学者たちは、通常の科学の領域である外的事実と、生理学固有の領域である意識《コンシアンス》ないし内的事実を区別できると想像したのである。ブルセ氏はこの区別と言われているものが、いかに取るに足らぬものであるかを明らかにしている。彼は自著の第一部五章で、自分自身の振る舞いについて考える一人の人間の精神状態について、その奥行の広さと見事な洞察力の点で極めて注目すべき生理学的分析を展開した。この分析の証明するところによれば、〔心理学者の〕こうした空虚な探究方法ではいかなる現実的な発見も不可能ということになる。残念ながら数行の抜粋ではあるが、それに関する文章を次に引いておこう。

「次に、心理学者[4]たちがこの種の研究を行う際に、彼らの意識のなかに見出しうるものについて検討しよう。この場合、彼らが感じるのは、常に大脳と対応している内臓から来る感覚であるのは間違いない。しかし、その感覚は、空腹や性欲、寒さや暑さ、慢性的な苦痛ないし快楽などのように、ある身体の一部に帰されるものだけでない。それに加えて、ある時は悲しんだり喜んだり、しばしば活動や休息の際にも、またある時は生存に対する希望や絶望——あるいは恐怖さえ——を抱いた場合でも、彼らを襲うこうしたはっきりしない漠然とした無数の感覚にも気づくだろう。この場合、彼らはこうした感覚がすべてどこから来ているのかもわからずに感じている。なぜなら、彼らにそれを教えることのできるのは、唯一、生理学者だけだからである。もし、彼らがこうした内的感覚を、彼らが意識《コンシアンス》と呼ぶ神の啓示だと考えるなら、東洋人よろしく香料の効いた一服の阿片でも服用すれば、彼らの至福も増すことだろう」。

ブルセ氏がこうした議論をいかに優先的に扱ったとしても、私から見れば、さらにもっと真正面からこの問題に取り組んで、こうした内観は本質的に不可能であるとはっきり証明できたように思われる。

実際、人間が観察できるのは自分の外部にあるものである。つまり、人間は思考する器官《オルガン》〔脳の知的部位〕を除く自分の諸器官のいくつかの機能を観察することができる。また、自分の抱くいろいろな情念に関しても、ある程度まで観察することさえ可能である。というのも、情念を支配している脳の器官〔脳の情的部位〕は、本来の観察器官〔脳の知的部位〕とは明確に区別されるからであり、このことは情念の状態がほとんどはっきりしない場合でもやはりそう言える。しかし、人間は自分自身の知的作用に関しては明らかに観察不可能である。というのもこの場合、観察される器官と観察する器官が同じ〔脳の知的部位〕だとすれば、いったいどの器官が観察の役目を担うのか？　この点に関する心理学者の幻想は、光線が外的物体のイメージを網膜上に投影すると主張すれば、視覚の仕組みが説明できると信じたかつての自然学者の幻想と同じである。彼らに対して生理学者が正当にも指摘したように、もし光の印象がイメージとして網膜上に作用するなら、その印象を見るにはもう一つ別の眼が必要となるだろう。知性のいわゆる内観に関しても事情は同じである。内観が可能となるには、思考する人間と、思考しているその自分を眺める別の人間という二役を、一人の人間が同時にこなさなくてはならないだろう。それゆえ人間は自分の知的作用を直接観察することはできず、彼が観察できるのはその器官と結果だけなのである。つまり、知的作用の器官については、再び生理学に立ち戻ればよいし、その結果についても、人間知性の偉大な成果こそ科学であるから、その科学自体と不可分な科学哲学に立ち返るだけで十分である。外的考察以外に、ここには心理学、すなわち魂の直接的研究が入り込む余地はどこにもないのである。

ブルセ氏が行った極めて申し分のない生理学と心理学の決定的な比較から、われわれは、彼がもっと積極的に心理学の弱点をはっきりさせてくれたならと多少不満に思うかもしれない。というのも、心理学が自称する独自の探究方法を認めたとしても、動物はもちろん組織に異常のある人間や発育の未熟な人間をすべて捨象して、大人の健常者しか考察しないという欠点が心理学にはあるのに対して、生理学はどの考察においても、正常な状態にある人間を観察する視点は、常に動物種全体および病気の状態を観察する視点と見事に連携しているからである。だがブルセ氏はこの両者の対立をどこまでも断片的に指摘したにすぎず、氏のひときわ優れた論証の洞察力によってそれを提示していたら、わが心理学者たちがことさら自分の手柄としているあの見識の高さと深遠な思考に対する、一つの有効な対照をなしたであろう。

　さらに重大なブルセ氏の看過は、大脳諸器官の素質をまったく度外視して人間の知性を外的感覚の働きのようにしか見ない十八世紀の形而上学理論と、知的・精神的人間に関する生理学説との間にある著しい相違を、彼がはっきりと十分に指摘しなかった点にある。現代心理学の影響力にある程度の根拠を与えている唯一のものは、あのコンディヤックとエルヴェシウスの観念学《イデオロジー》への至極真っ当な批判だけである。ただそれも、シャルル・ボネ、カバニス、そして特にガルとシュプレツハイム両氏のような生理学者たちが昔からこのテーマについてははるかに明敏かつ極めて正確にこれまで論じてきたことを、ひどく漠然とした誇大な美辞麗句に乗せてひたすら通俗化しているにすぎない。それゆえブルセ氏が、心理学――ないし彼が正当にも存在論と呼ぶもの――からこの唯一の役割もすぐに剝奪してくれるのは疑いないであろう。私は、〔彼の著作の〕第二版――初版同様、この版も間違いなくほどなく称賛の的になろう――のために、この重要な改善点を彼に対して自信を持って指摘しておきたいのである。私の指摘するこのブルセ氏の不注意は、明らかに氏があまりにも性急に著作を編纂したことに何よりその原因がある。なぜなら、〔心理学者たちは性急にも氏が観念学の立場に先祖返りしたように批判しているが〕

氏が十八世紀形而上学の正統な信奉者の態度を〔著作で〕少しでも見せていることを、心理学者たちは示すことなどできないだろうからである。

ブルセ氏の著作の全面的な検討から、最後に極めて重要な一つの哲学的考察がもたらされる。それは、彼の先駆者である生理学者たちも同様だが、この著者が生理学本来の範囲を確定しなかったことについてである。

精神現象の研究が生理学の領域に属すべきだと最初に公然と訴えたのはカバニスであったが、彼は人間個人の研究と、集団的発展の面からみた人類の研究を十分慎重に区別しなかった、あるいはむしろわけもなく両者を混同してしまった。カバニスにとって、個人の研究も人類の研究も、区別なく同じ一つの科学を等しく構成しているように思われたからである。この混同は、ガルとシュプレッツハイム両氏のうちにも看て取れるほか、精神現象関係の科学部門に専念しているほぼすべての生理学者の精神にもいまなお残存している。ブルセ氏は、この混同から生ずる主たる弊害を自著のなかで触れていたはずなのに、それを一掃する手立てをなんら講じようとはしなかったのである。

なるほど個人の研究と人類の研究は、両者の性質からしてあたかも一つの科学の二つの部門であるように思えるほど極めて密接な関係性を有している。だが実際には――これは明白なことだが――両者には非常にはっきりとした区別があり、しかも十分な広がりをどちらも有しているので、必然的に別々に発達を遂げた結果として、固有の意味での生理学と社会物理学という二つの科学をなしていると考えるべきなのである。社会物理学は、その実証的出発点と永遠の指針を生理学から受け取っている点で、確かに生理学に依拠している。だがそれでもやはり、社会物理学は、人間社会の発展史に対する独特な観察と個別の方法を有する確固とした一つの科学をなしている。社会的発展が極めて限られているために個別の学問など必要ない動物の場合は話は別だが、社会物理学を単に個人の科学〔生理学〕から直接導き出されたもののように扱うのは絶対に不可能であろう。もし生理学がなおも完璧に確立されておらず、しかもその領域が正確に定められていないとすれば、その主たる原因は、結局のところこの〔生理学と社会物理学の〕区別がなおも整然と論証されておらず、あまねく認められていないことに尽きる。個人現象の研究も同様だが、社会現象の研究が形而上学的方法に馴染まないにもかかわらず、心理学者の批判や主張にいつまでももっともらしい口実が与えられているとすれば、その唯一の要因は最も教養ある人々の間でさえ見受けられる学問のこうした不安定状態にあると言ってよい。

ブルセ氏の掲げた一般的目的から氏の著作を検討してみて、私の提示する主たる哲学的考察とは以上の通りである。

私はこの主題に関して行うべき観察は行ったと考えているが、もちろんこの著作は、かの高名な著者〔ブルセ〕の名にまったく恥じるものではない。人々が一般大衆を必死に形而上学に連れ戻そうとしている今日にあって、そうした大衆の面目のためにも、私はこの著作がその重要性に見合った評判を得られんことを切に願うものである。この著作は、現実的知識の進歩を停滞させる曖昧で空想的な思弁をあまねく失墜させ、人間精神の自然の歩みを助ける強力な味方となるはずである。カバニスの論考と、ガルおよびシュプレツハイムの仕事以来、擬人化された抽象観念というこの空虚な学問〔形而上学〕がいかにナンセンスであるのかをこれほどはっきりと実感させてくれる著作はこれをおいてほかにない。この空虚な学問の特徴を、キヴィエ氏は正当にも、推論の代わりに比喩を用いることだと述べたが、ブルセ氏自身は巧みに次のように定義している。いわく、ほとんど詩作と同類の想像力の働きである、と。二人の人間の間はもちろん、同じ一人の人間においてさえ、人体組織が感じるいろいろな気分に応じて必然的に変動するとりとめのない意見の寄せ集めを、ブルセ氏はその正味の価値で評価を行った。とりわけ彼が目指したのは、いくつかの無意味な抽象観念がすべての現実的知識を支配しているかのように見せかけて、あらゆる実証的な特殊研究に対して本能的な嫌悪を抱かせる傲慢な無知――しかも神学的諸観念の支配を装いも新たに再びわれわれに押し付けて幼年時代へ引きずり込もうとする無知――をつけあがらせるあの神秘的精神〔形而上学〕を永久に追放することだったのである。

ブルセ氏は、実証病理学、すなわち生命現象の攪乱要因を器官や組織《ティシュー》の損傷に求める科学の創始者とみなすことができる。生理学が真の科学となり始めた時代、つまり十八世紀半ば頃から、人間精神のこの大運動に加わった人々、とりわけモルガーニとボネは、病気の患部に関する重要な仕事に取り組んだ。しかし、こうした仕事も、主たる病気のほとんどは器官の正常な状態の単なる変質にすぎない点を相変わらず認めようとしない病理学一般の精神を変えることはできなかった。器官と組織の間の基本的な区別がビシャの才能のおかげで設けられる以前にあっては、このような研究が病理学に対して多大な影響を及ぼすことさえできなかったのである。というのも、損傷を研究すべき対象は器官ではなく、とりわけ組織だからである。ビシャが基礎づけた一般解剖学から出発したブルセ氏は、多様な組織が被る変質とそれが原因で起こる現象の検討に病理学の役割を定めることにより、この学問をその真の土台の上に打ち立てた。彼は、病気とみなされているものはすべて症状にすぎず、〔身体〕機能に乱れがある時は、必ず器官ないしむしろ組織に損傷があると、はっきり宣言した最初の人物だったのである。

もしブルセ氏がこの一般原則を確立することだけにとどまっていたら、彼の仕事に対する批判の大半はおそらく避けられただろう。また彼の学派は、形而上学をその最後の逃げ場からも駆逐する学問体系の大改革を行ったが、ブルセ氏自身がそうした改革を行うことはなかった。というのも、そのためにはまず、どんな病気も一般的には何らかの器官の損傷に起因している、ないし起因していなければおかしいことを示す必要があったからである。この命題については、その性質上まず疑問の余地はない。しかしそれに加えて、特別な患部などないと考えられてきた病気の正確な患部を一つひとつ確定する必要があった。ブルセ氏が行ったのがまさにこれであって、彼はいわゆる熱病の基本的六原因がもっぱら当時まで医者に無視されていた胃腸の粘膜の炎症にあると主張したのである。ブルセ氏が後年になって各種の病気を発症させる要因として——これはほとんど避けがたいことであったが——胃炎と胃腸炎の影響を過大視しすぎたのではないかという点については、それを検討するのは私の役目ではない。ただ、公平な精神の持ち主ならこうした過大視を非難するだろうが、しかし実証的な土台の上で議論を組み立てるために、ブルセ氏が既知の感情のそれぞれに器官を一つずつ割り当てる哲学的な必要性を感じていた点は勘案されてしかるべきである。彼は確かに某病気の実際の患部を勘違いしていたとはいえ、病理学はもちろん臨床医学にとってさえ、実際とは違う患部を想定するほうが、何も想定しないよりもまだ実り多いことを考慮すべきである。このようにブルセ氏のおかげで、人々は彼の思想と格闘しながらも、どこまでも科学の進歩の役に立つあるべき観察の方向へと最終的に導かれていったのである。

現在刊行中のブルセ氏の著作の第一部は興奮性《イリタシオン》〔刺激反応性〕について論じたものであるが、この議論は著者の学説のなかでも最も高度な一般性を表明しているとみなすことができる。生理学と病理学の間の基本的関係がこれほど直接的かつ十分な仕方でこれまで考えられたためしはなく、この基本的関係に対する鋭い感覚はブルセ氏の精神を最もよく特徴づけている。

生命はどこまでも刺激反応性《エクシタシオン》によって維持されているとする、ブラウン(5)の予測したこの偉大な一般的真理から出発したブルセ氏は、この真理を大幅に応用して自分のものとし、正常な状態のレベルを超えるのか、下回るのかによって、すべての病気は本質的にはさまざまな組織《ティシュー》の刺激反応の過不足にあると考えたのである。病気の性質に多大な光明をもたらしたこの考えによれば、病気というのは、健康の維持に欠かせない刺激作用自体の強度の単なる変化の産物だということになる。

器官の刺激反応は、大抵の場合不足しているというより過剰になっており、しかも胃と脳の関係がそうであるように、一器官の刺激作用が減退するとその他の器官の興奮状態《イリタシオン》が恒常的に引き起こされることを確認したのち、ブルセ氏は、器官の変則的な刺激反応を三つのレベル、すなわちいわゆる過剰刺激・軽炎症・炎症に区別した。そして、主要な有機組織、とりわけ現代の大多数の生理学者と共に彼が〔生理的〕交感の一般的な作用因と考えていた神経組織《ティシュー》のうちに、この三つの状態の特徴がみられることを指摘した。また、さまざまな組織《ティシュー》の生理学的分析を当時の水準よりもさらに前進させたのも、やはりブルセ氏であった。すべての組織は有機的要素から構成されていると考えた彼は、この要素を三つの項目、すなわち繊維素、ゼラチン、アルブミンに還元し、その各々にみられる興奮現象を検討したからである。この見解はのちほど、生理学と病理学の最初の基礎づけの際に、大幅にしかもこの上ないほどそれを容易にすることになる。

生理学説に対してブルセ氏が行った顕著な改善の一つとして忘れずに指摘しておかなければならないのは、ビシャが認めた、あるいはむしろ支持した生気論的《ヴィタル》性質を一掃したことである。若干の形而上学的性格が生理学の基本的観念のうちに残存していたのは、この性質に原因があったためである。そこでブルセ氏は、それに代えて興奮《イリタビリテ》の一様性〔刺激反応性〕を提起し、それはすべての組織《ティシュー》が有してはいるが、異なった現象を通じて各組織に現れると考えたのである。この考えのおかげで、徐々に生理学は、かつてビシャと共に抱え込まざるをえなかった形而上学の残滓を振り払えるようになるとともに、無機体の物理学の性格とはまったく異なる性格を、最終的に有機体の物理学に与えることが可能となった。というのも、興奮〔刺激反応〕という観点は、生命状態に固有なすべてのものに当てはまるからである。この条件は、真の実証生理学の構築にはやはり欠かせないものなのだが、形而上学的諸概念から完全に生理学を解放しようと努力してきた生理学者たちによって、いまだなお厳密には十分にクリアされてこなかったのである。

ブルセ氏の著作の第一部は高度で斬新な見識に溢れている。私が彼を咎められる点といえば、せいぜい叙述が若干不明瞭であること、特に考えをまとめる術《すべ》をほぼ全面的に欠いていることぐらいである。生理学的諸概念と病理学的諸概念をあまりにも雑多に寄せ集めたせいで、注意深い教養ある読者にとってさえ、この注目に値する仕事の一般的精神の理解をどうしても難しくさせる一種の混乱があるためである。だが、ブルセ氏が——これは私が信じて疑わないことだが——自身の主要概念を一段と成熟させ、その概念をさらに正確に決定し、各概念の範囲をもっと厳密に確定する必要を感じたならば、こうした欠陥も新版では改められることだろう。忘れてはならないのは、この著作の構成を決定づけている大きな一般的理由が今の世代の精神を再び覆い尽くす勢いにある存在論に断固反対することにある点である。この点からいえば、彼が著作の構想の段階でしっかり時間をかけていれば確実に避けられた方法上の欠陥など大した過失ではない。ただし、生命の正常な状態の考察に関しても、異常な状態の考察に関しても、生命の一般概論の主だった根本思想が自分の著作にはいくつも詰まっているのだということを、ブルセ氏は心に留めておくべきである。彼の名誉のためにも重要なことは、科学の今後の進歩に欠かせないこの記念碑的作品を彼自身で打ち立てることである。

ブルセ氏が自分の著作を改めてじっくり検討するなら、神経系を論じる際に、大脳とリンパ節の二つの神経系の基本的な区別に対して自分がほとんど重要性を認めていなかったことにおそらく気づくだろう。彼は生理学的にも病理学的にも、リンパ節に固有な特徴をほとんど考慮しなかった。同様に、ブルセ氏が比較解剖学を別段重視しなかったことや、人体組織《オルガニザシオン・ユメンヌ》に関する自分の知見を動物系列の全体と明確に合致させようとしなかったことも、おそらく人々は不満を感じるであろう。というのも、この一致は今日ではどんな生理学の重要概念にとっても欠かせない条件――なるほど彼は暗黙の裡にそれを満たしていたとはいえ――となっているからである。

この書の第二部の狂気論については、私はほとんど何も言うことはない。それは、第一部で確立された原理を、至極当然にも大脳の個別の興奮〔刺激反応〕に適用したものだからである。この適用は非常に見事なもので、この原理自体にも大きな光明をもたらすものであり、その実施に関していえば第一部のそれよりも遥かに申し分のないものになっている。なるほど、これによって病理学のこの重要部門の現在の状態に何か極めて重要なことが付け加わるわけではまったくない。しかし、あらゆる既存の概論よりもはるかに優れた方法論上の明晰さと完成度でもって、この主題に関して現在まで獲得されてきた知識がそこでは凝縮されており、これ自体が科学にとって極めて有益なことである。心理学的な感染から身を守る、ないし回復するのにこれほど適切な解釈はほかにない。この著者に独特な思想的資質として私が指摘しておきたいのは、この著者〔ブルセ〕が、現代のすべての生理学者と共に狂気の源を大脳に位置づけつつも、精神異常を引き起こす脳の興奮状態〔刺激反応〕を、どの生理学者よりもはるかに正確に特徴づけた点にある。彼はまた、検死結果から得られる情報に対しても、斬新かつ極めて適切な考察を示している。彼が示唆するところによれば、組織《ティシュー》の破壊によって死後も唯一目に見える痕跡——通常人々が重視するのがこれである——として残る炎症状態は、正常な機能を攪乱する興奮状態〔刺激反応〕の〔過剰刺激、軽炎症、炎症のうちで〕最もレベルの高いもの〔つまり本来の炎症〕だけなので、こうした攪乱はたとえ炎症的変質が死後に確認されずとも、過剰刺激の結果として引き起こされている可能性が高いというのである。モンペリエ学派の形而上学的病理学者たち——彼らは若干のケースでは死体に病変がないことから、本質的と言われる病気の存在を支持する結論に至った——が実証病理学に対して申し立てた唯一もっともな異議も、このようにブルセ氏は間接的に論駁しているわけである。

学者にはどうしても理解しがたい卑俗な軽蔑的信念を持つ人たちは、ブルセ氏が動物組織に関して胃をすべてに優先させていると想像しているようだが、その著作を読めば、氏の精神の有する広がりと気高さについてもっと正しい考えを抱くことだろう。すべての器官、特に大脳に対して消化器官が及ぼす多大な交感的《サンパティック》影響について、もっぱら神経系の研究に没頭していた生理学者たちがまともな評価を常に行ったわけではなかったのに対して、ブルセ氏はまったく明敏にもその影響について論じているからである。ところが氏の著作には、その点に関して深い関心を示す痕跡が何も見あたらない。というのも、最も確実な観察を超えるようなものについては、彼は一切論じなかったからである。

偏執狂《モノマニー》を論じるに際してブルセ氏は、その場を借りて、ガルとシュプレツハイム両氏および大脳骨相学派の重要な仕事に対して見事な賛辞を送っている。私は、この真っ当であると同時に勇気ある彼の行動に感心せずにはいられない。というのも、これほど公式見解と相容れない学説のために公に毅然とした態度を取るには、今日でもこうした行動がやはり学者には必要だからである。この学説はなおまったく不完全であるとはいえ、ブルセ氏は人間の知識がこの学説によって格段に解明されると考えたのである。この重要な改善によって、完全な実証哲学の創始を目指す人間精神の全面的変革がどれほど促進されることになるのかを、彼は自覚していたように思われる。

とはいえ、ブルセ氏はガル氏の現行の学説に対して若干の異議を唱えている。その大半は私からすればほとんど根拠のないものだが、一つだけかなり手堅い批判がある。それは、消化器官と生殖器官が大脳に与える著しい作用を看過したという批判である。この作用は、ガルとシュプレツハイム両氏よりも前に生理学者たちによって著しく誇張されてきたとはいえ、骨相学派にはあまりにも無視されてきたことや、この作用に関する新しい大脳理論の基本的な考え方をもっと周到に仕上げておく必要があるのは確かである。

狂気の実際の治療に関しては、ブルセ氏の示した考察が既得の知識の全体に付け加えたものはほとんどない。しかし、この情操〔狂気〕の治療法の考え方やその説明は、既存の概論のどれよりもはるかに合理的なものである。この著者〔ブルセ〕は、通常の治療法ではあまりに効果は薄いと判断し、彼は正当にも、病気の開始時に大量の瀉血を適切に施せば、胸膜肺炎や急性胃炎の場合のように、初期の狂気なら劇的に駆逐できると考えたのである。ピネル以降のすべての著述家が書いてきたように、まさにブルセ氏も精神治療の重要性を強調している。しかし、これは驚くべきことだが、彼はそのために必要な第一条件として療養所の体制〔の整備〕を勧告しているのに、治療行為上極めて重要なこの部分の、制度への全面的導入がひどくおろそかにされていることに注意を促していないのである(6)。そうした施設の大半がどのように運営されているのかを、ブルセ氏が十分に注意深く観察しなかったのは間違いなく、それゆえこれらの施設が理念的にも現実的にもしかるべき姿で設立・運営されているものと彼は信じ込んだのである。彼がこうした施設を自分で調べておけば、施設の管理者が何を誓約しようと、実際には知的・情操的な治療の全部がそこでは無教養な下級助手の勝手な行いにすべて委ねられており、しかもそうした行為がだいたい病気を——施設本来の役目は病気の治癒にあるはずなのに——悪化させていることに納得したことだろう。

ブルセ氏の新著について、私がここで示しておくべき主たる考察とは以上の通りである。私はこの著作を喧伝したいわけではさらさらなく、ただこの著作の精神をはっきり特徴づけて、そこから学ぶ必要のあることを生理学の進歩に関心のあるすべての人に知ってもらいたいだけである。人間理性の全般的発展に貢献する仕事と同様に、私はこの著作に対しても世間の関心が集まるように努めてきたし、また現代の本来的な精神とは相容れない若干の著作家たちが今日の人間研究に必死に持ち込もうとしている神秘的傾向にも、これまで反対して成果をあげてきた。この重要な著作の出版によって、ブルセ氏の名声が不動のものとなり、その思索の重要性がもれなく評価の対象となるのは間違いないだろう。これまで彼は、何よりも病理学と臨床医学の改革者としてしか知られていなかったが、いまや生理学者および哲学者として姿を現したのである。その姿は、彼の実践思想が一様の性格を帯びたもろもろの理論的概念と結びついているという意味で、彼の精神には一貫性があることを示している。一言でいえば、人間精神の大改革の一般的な最終段階である実証哲学の形成と勝利に——直接的にも間接的にも——最も貢献して成果を上げた人間の一人として、その仕事の全体を通じて後世に語り継がれるべき人物となったということである。

資料

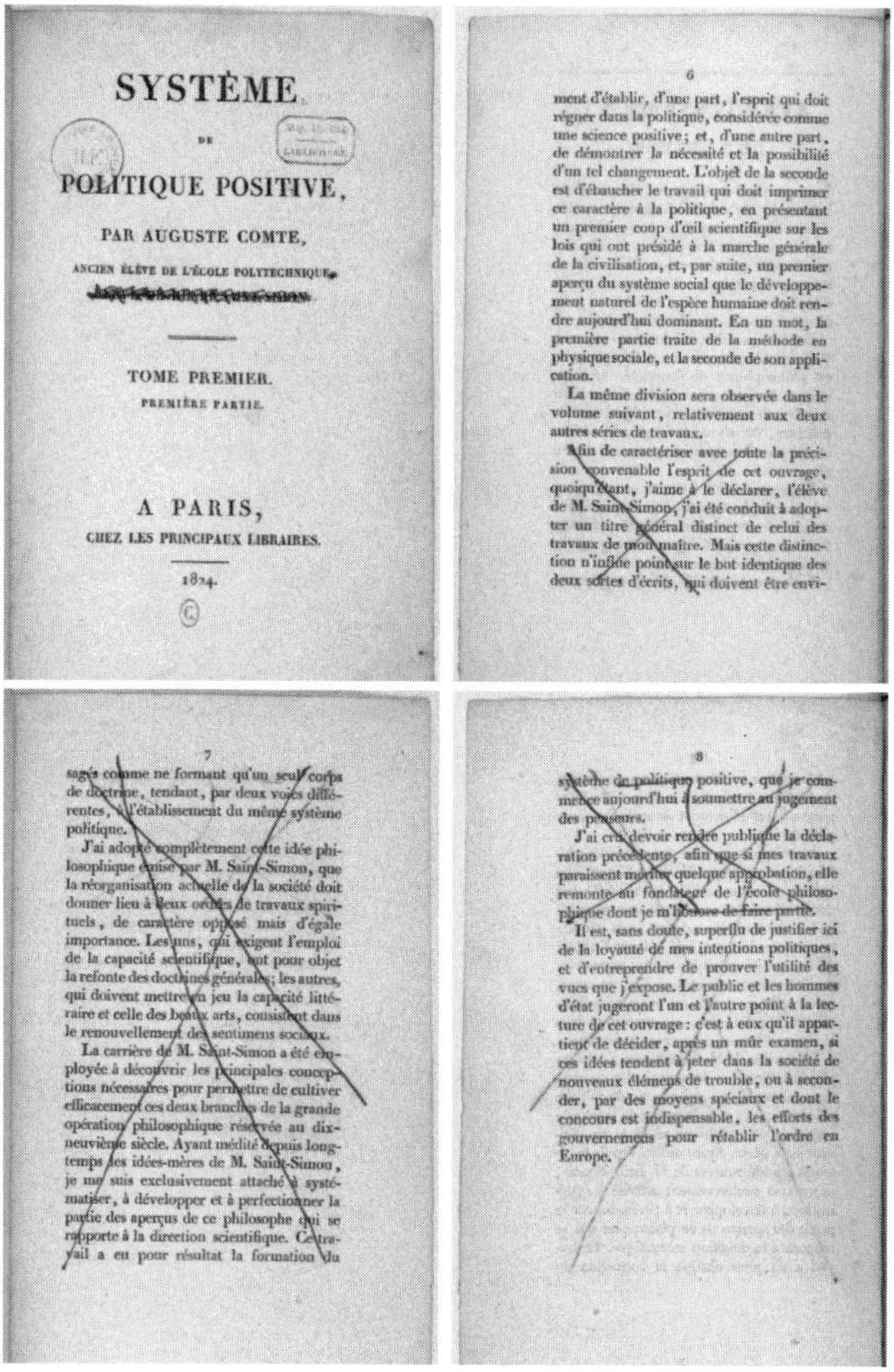

SYSTÈME
DE
POLITIQUE POSITIVE,
PAR AUGUSTE COMTE,
ANCIEN ÉLÈVE DE L'ÉCOLE POLYTECHNIQUE,
[illegible]

TOME PREMIER.
PREMIÈRE PARTIE.

A PARIS,
CHEZ LES PRINCIPAUX LIBRAIRES.
1824.

6

ment d'établir, d'une part, l'esprit qui doit régner dans la politique, considérée comme une science positive; et, d'une autre part, de démontrer la nécessité et la possibilité d'un tel changement. L'objet de la seconde est d'ébaucher le travail qui doit imprimer ce caractère à la politique, en présentant un premier coup d'œil scientifique sur les lois qui ont présidé à la marche générale de la civilisation, et, par suite, un premier aperçu du système social que le développement naturel de l'espèce humaine doit rendre aujourd'hui dominant. En un mot, la première partie traite de la méthode en physique sociale, et la seconde de son application.

La même division sera observée dans le volume suivant, relativement aux deux autres séries de travaux.

Afin de caractériser avec toute la précision convenable l'esprit de cet ouvrage, quoique étant, j'aime à le déclarer, l'élève de M. Saint-Simon, j'ai été conduit à adopter un titre général distinct de celui des travaux de mon maître. Mais cette distinction n'influe point sur le but identique des deux sortes d'écrits, qui doivent être envi-

7

sagés comme ne formant qu'un seul corps de doctrine, tendant, par deux voies différentes, à l'établissement du même système politique.

J'ai adopté complètement cette idée philosophique émise par M. Saint-Simon, que la réorganisation actuelle de la société doit donner lieu à deux ordres de travaux spirituels, de caractère opposé mais d'égale importance. Les uns, qui exigent l'emploi de la capacité scientifique, ont pour objet la refonte des doctrines générales; les autres, qui doivent mettre en jeu la capacité littéraire et celle des beaux arts, consistent dans le renouvellement des sentimens sociaux.

La carrière de M. Saint-Simon a été employée à découvrir les principales conceptions nécessaires pour permettre de cultiver efficacement ces deux branches de la grande opération philosophique réservée au dix-neuvième siècle. Ayant médité depuis longtemps les idées-mères de M. Saint-Simon, je me suis exclusivement attaché à systématiser, à développer et à perfectionner la partie des aperçus de ce philosophe qui se rapporte à la direction scientifique. Ce travail a eu pour résultat la formation du

8

système de politique positive, que je commence aujourd'hui à soumettre au jugement des penseurs.

J'ai cru devoir rendre publique la déclaration précédente, afin que si mes travaux paraissent mériter quelque approbation, elle remonte au fondateur de l'école philosophique dont je m'honore de faire partie.

Il est, sans doute, superflu de justifier ici de la loyauté de mes intentions politiques, et d'entreprendre de prouver l'utilité des vues que j'expose. Le public et les hommes d'état jugeront l'un et l'autre point à la lecture de cet ouvrage: c'est à eux qu'il appartient de décider, après un mûr examen, si ces idées tendent à jeter dans la société de nouveaux élémens de trouble, ou à seconder, par des moyens spéciaux et dont le concours est indispensable, les efforts des gouvernemens pour rétablir l'ordre en Europe.

1824年に出版されたコントの「実証政治学体系」の序言（フランス国立図書館所蔵）。標題にある「アンリ・サン＝シモンの弟子」という文字と、サン＝シモンへの献辞が述べられた段落が手書きの線で消されている。

社会契約論——産業体制の樹立を目的とした研究の続編

〔サン＝シモンによる序言〕

一八二二年四月

農業・製造業・商業の事業主諸氏へ

諸君、

精神はごくありふれているが、良識は極めて稀有である。なぜなら、最も簡単な考えは通常、最後に現れるものだからである。三十年以上にわたってわれわれが陥っている政治的な危機を終息させる手段を、革命の当初から、簡単な良識がわれわれに知らせてくれればよかったのだが、ここ最近になってようやく私は、その手段について、簡潔に諸君に説明できると感じられるほどはっきりとわかるようになった。

私はこの大問題について、とりわけ諸君に向けて直接語ることにしたい。というのも、諸君こそ、国民の真のリーダーだからである。フランスの民衆の大多数は労働者であり、彼らは日々の仕事において諸君に指導を仰いでいるのである。

社会契約の基礎となるべき構想とはどのようなものか？

これこそ、一七八九年、つまりわれわれが特権を廃止した瞬間から、われわれが解決すべき主たる問題である。

立憲議会、国民公会、ナポレオン、そしてルイ十八世陛下は、この問題を解決しようとしてきた。しかし、彼らはこの試みに当然にも失敗した。というのも、経験の上でも理屈の上でも、彼らが自分たちの作った憲法に強固な基盤を与えるに至らなかったことは、はっきり証明されたからである。

諸君、
私は最近の著作で、社会の再組織のために諸君がどのように行動すべきかを、諸君に提示しておいた。この考えは、それが受けてしかるべきほどの注目を、諸君から集めたようにはまったく見えなかった。そこで、私は改めてその考えを諸君に説明することにし、諸君がその検討を徹底的に行ってくれるよう、恐れながらあえて求めるものである。

諸君がこの考えを受け取っても無関心でいられるのはなぜか、私にはよくわかっている。なぜなら、諸君が自分たちの実力と権利をまだ十分に自覚していないからであり、次の根本的事実をなおも確信できていないからである。すなわち、農業・製造業、商業の事業主たちが国民を再組織すべきであり、彼らだけが圧倒的多数の民衆の能動的リーダーであるがゆえにこの刷新を実行できるのだ、というのがそれである。

諸君、

諸君は（先の著作ですでに私が諸君に語ったように）、個別の結社《アソシアシオン》を作るのと同じ方法と同じ原理に則って、国民を組織しなければならない。

それゆえ、諸君は、諸君の仕事をはっきりと異なる二つの部分に分けなければならない。

一つ目の仕事では、諸君はできるだけ明確に次の点を明らかにしなければならない。すなわち、まずフランス人がナショナルな結束《アソシアシオン》(1)を行う際に定める主要目的とは何か、次にこの結束を梃子に彼らが手に入れようとする主要な利益とは何か、最後にこの目的実現のために彼らが採用すべき一般的手段とは何か、である。

諸君の政治的利益は下層階級の労働者の利益と同じものなので、諸君の願望と彼らのそれはこの点で必然的に同種のものである。したがって、諸君の表明している願望は、間違いなく国民の圧倒的多数が感じている願望であろう。

〔社会〕契約のこの最初の部分を作成したのちに、ようやく諸君はその二つ目の部分に取り掛かることができる。この二つ目の部分では、諸君は、諸君が採用することになる統治形態はもちろん、諸君が自由にできる権力や資金の量を定めることになる。

〔統治形態に関して〕私としては、自分の見解は常に次の通りである。すなわち、君主制の形態が最もわれわれに相応しい形態であり、玉座は常にブルボン家の世襲であるべきだと考える。

指摘しておくべき重要な点が一つある。それは、人民主権ないし権力の起源に関する大問題は、社会の再組織が私の打ち立てた諸原理に沿って実施されれば、実際には解消されるだろうという点である。なぜなら、そうなれば、政府はもはや労働の指導を担った法的な一権力にすぎなくなり、その労働プランも国民の真の代表たる諸君が立案することになるだろうからである。

諸君、ナショナルな結束によって諸君が手に入れたいと望む主要な利益を明確に定めることほど簡単なことはない。なぜなら、諸君の誰もが次のことを望んでいるからである。すなわち「フランスの国土の価値をできるだけ迅速に高めること。次に、農業・製造業・商業のすべての部門を繁栄させること。次に、芸術ならびに実証科学の進歩を促進させること。最後に、既得の実証的知識のすべてを人口の全体に広めるべく、公教育を組織すること」である。

しかし、諸君、これらのいろいろな社会的利益を手に入れたいという願望を表明するのは簡単だが、こうした利益を獲得するために採用すべき最良の手段を考えたり、説明したりするのは、同じように簡単にはいかない。

こうした仕事には、最も強力かつ広範な政策が要求される。つまり、この上なく膨大な科学的計算に長けた頭脳にしか、この仕事は行えないのである。

一言でいえば、諸君が有している能力はこの種の仕事には向いていないので、諸君自らがそれを行うことはできないのである。そのためには、諸君は学者、それも最も有能な学者を雇う必要がある。

社会再組織の準備のために学者を雇う必要があるとしても、それは諸君を驚かせるものではまったくないはずである。なぜなら、諸君が何か重要な産業的事業を行う際にも、必ず学者や芸術家の介入は欠かせないからであり、また諸君の階級ほどには数も多くなく、能力もない無益な階級が行使している支配的な影響力を排除することが諸君にとって重要であるという点でいえば、私が諸君に提案する事業は、諸君が今日まで行ってきた事業のなかでも最も重要なものだからである。

十八世紀に起こったことをどうか検討していただきたい。そうすれば、特権の廃止が『百科全書』、つまり当代随一の学者と芸術家が力を合わせた仕事によって、もっぱら引き起こされたことを知るであろう。ところで、社会の解体には彼らの力が必要とされたのに、彼らにこの事業の支援を仰がずに社会を再組織できるとすれば、あまりに異様なことであろう。

諸君、一言でいえば、社会の再組織に要求される仕事を開始すべきは、学者たちなのである。この方向に学者たちが努力と才能を使うように決心させるためには、私の説を学問的な体裁で彼らに示す必要があったのである。私の協力者の一人である友人〔コント〕がこの重要な仕事を引き受けてくれた。ここに披露するのがその仕事であり、それはダランベールによる『百科全書』の序論に相当するものである。私はこの基本的作品の後に続けて、われわれが取り組んでいる問題に関して、諸君を学者に従属させることなく、学者の研究を促進させるために諸君が採るべき方策を諸君に提示するだろう。

諸君、諸君にやる気を決意させることを目的とした指摘を一つ行って、この論考を閉じることにしよう。

今日まで、諸君の政治的行動は、社会の下層階級をなしているとみなされてきた人々のそれであった。諸君の社会生活の改善のために諸君が行ってきた努力はすべて、どこまでも苦情と嘆きでしかなかった。諸君は、一七八九年以来、歴代の政府がことごとく諸君に対して取ってきた行動に反対して、極めてねばり強く抵抗してきた。しかし、社会は生産者の利益になるように組織されるべきであるという願望を表明するにとどまり、なぜ社会は生産者が最大限有利になるように組織されねばならないのかを主張する労をこれまで一切取ってこなかった。諸君は、明らかに最も力があり、有能であり、有益である社会階級であるのに、その立場から、自余の国民と政府に対して自分を守ってくれるよう懇願しているのである！　それは、二十五歳の男が百歳の老人に支えを頼むようなものであろう。

諸君、私が諸君に行う提案は、完全に態度を変えよ、ということである。生産に最も有利なように、そして生産者が最も満足するように社会が組織されるような方法を作り出す、ないし諸君のために作り出してもらうよう、私は諸君に提案するものである。諸君の計画がこの点に関してはっきりと打ち出された暁には、それを実行に移すのは極めて容易であろう。なぜなら、諸君の政治的利益と下層労働者の政治的利益の一致に基づいて、国民の圧倒的多数の意見を先導するのは諸君だからである。

そうなのだ、諸君、諸君が望んでいることを諸君が自覚するために必要な予備条件を満たせば、諸君の利益に沿って社会を再建するのは諸君にとっていとも簡単なことであろう。社会にとって有用な徳性と能力のすべての勝利を保証するこの変革を全面的に遂行するために、諸君は暴力に訴える必要はないのだ。というのも、あらゆる実証的な力が諸君の手中にあるとすれば、あとはそれを利用すべき方法を諸君は慎重に考案すればよいからである。(2)

産業者の教理問答——第三分冊序言〔サン＝シモン〕

一八二四年四月

この第三分冊は、われわれの弟子であるオーギュスト・コント氏によるものである。われわれは、第一分冊で予告したように、われわれの体系の総論を展開する仕事を彼に任せた。したがって、これから読者にお目にかけるものは、彼の仕事の端緒ということになる。

その仕事は、著者が立っている観点からすれば、なるほど確かに申し分のないものである。しかし、われわれが目指した目的に正確に達しておらず、彼はわれわれの体系の総論をまったく説明していない。つまり、彼はその一部しか説明しておらず、われわれが二次的なものとしか考えていない議論に主役を張らせているのである。

われわれが構想した体系においては、産業的能力が首位に立つべき能力である。それは、その他すべての能力の価値を判断し、産業的能力が最大限発揮できるようにそれらをすべて働かせるべき能力だからである。

産業者は、プラトンの方向の科学的能力も、アリストテレスの方向の科学的能力(3)も、同等に有用なものだとみなすべきであり、したがって、両能力に対して同等の敬意を払い、どちらにも活動手段を与えなければならない。

　これこそ最も一般的なわれわれの考えである。これは、アリストテレスの見地、つまり今日の物理・数学アカデミーによって採られている見地に立つわれわれの弟子の考えとは明らかに異なるものである。その結果、彼はあらゆる能力のなかでアリストテレス的な能力が第一位の能力であり、唯心論《スピリチュアリスム》はもちろん、産業的能力や哲学的能力よりも上位に立つべきだと考えたのである。

　われわれが述べた上記の結果として、われわれの弟子は、われわれの体系の科学的部分しか扱わず、その感情的・宗教的部分をまったく論じなかったのである。われわれが、わが読者諸氏に知らせておきたかった点がこれである。われわれは次の分冊で、自らの手で総論を提示し、可能な限りこうした支障を取り除くであろう。

　ただそれ以上に、われわれの目的の半分しか果たさなかったという理由で、われわれがコント氏の仕事に見出す欠陥にもかかわらず、一般政治学についてこれまでに出版された最良の作品であるように思われると、われわれははっきり明言する。(4)

実証政治学体系——第一巻第一部〔コント〕

一八二四年四月

著者の序言

この著作は、独立してはいるが互いに関連し合う一連の著述をまとめたものであり、数巻に及ぶことを予定している。だが、どの著述もすべて、今日政治学が観察科学の域にまで引き上げられねばならないことを確証し、この基本原理を社会の精神的再組織のために適用することを、その直接的な目的にするであろう。

この著作全体の一種の哲学的な趣意書とみなすことのできる最初の二巻は、三つの大系列に区別される科学的な政治研究のプランの展開とともに、このプランを実行する最初の試みを対象とする予定である。

したがって、第一巻は二部構成をとる。第一部〔この序言の本論〕は研究の第一系列のプランに関するものであり、間もなく刊行される第二部はこのプランの実施に関するものとなる。

この第一部の目的は、まず何よりも一つには、政治学を一つの実証科学と考えた場合にそれを支配すべき精神とは何かを明らかにすることにあり、もう一つは、こうした変革の必要性と可能性を論証することにある。第二部の目的は、人類の一般的な歩みを司る諸法則に対する最初の科学的な検討と、その結果として、人類の自然な発展につれて今日支配的となるべき社会体制の最初の概要を提示することにより、この〔実証的〕性格を政治学に与えるべき作業を素描することにある。要するに、第一部は社会物理学の方法について、第二部はその応用について論じることになる。

残る二つの研究系列を扱う第二巻でも、これと同様の区分が守られるであろう。

私はサン゠シモン氏の弟子であることを喜んで宣言するものであるが、この著作の精神をできるだけ的確に特徴づけるために、わが師の仕事〔『産業者の教理問答』〕とは別の全体的なタイトル〔「実証政治学体系」〕を採用することにした。しかし、この相違は、二種類の著述の共通の目的になんら影響を与えるものではなく、どこまでも二つの作品は、二つの別のルートから同じ政治体制の樹立を目指す一つの学説をなすものと考えられなければならない。

社会の現在の再組織は、異質だがどちらも等しく重要な性格を持つ二種類の精神的な作業を必要としているという、サン゠シモン氏の主張する哲学思想に、私は完全に同意するものである。最初の作業は、科学的能力の使用が要請されるものであり、一般理論の改鋳を目的としている。もう一つの作業は、文学と芸術の能力を働かせる必要のあるもので、社会的感情を刷新することにある。

サン＝シモン氏の生涯は、十九世紀に課せられた哲学的大事業のこの二つの分野を効果的に開拓するにはどうしても欠かせない主要な諸概念の発見に捧げられた。長いことサン＝シモン氏の根本思想をじっくり考えた末に、私はこの哲学者の諸洞察のうちもっぱら科学的方面に関わる部分を体系化し、発展させ、改善することに努めたのであった。この仕事の成果が実証政治学体系の形成であって、これこそ今日私が思想家たちの判断に供しようとしているものなのである。

上記の言明を公にすべきだと私が考えたわけは、もし私の研究が何らかの称賛に値するように見えるとしても、その賛辞は、光栄にも私が加わっている哲学派の創始者〔サン＝シモン〕に帰せられるべきだからである。

この場で、私の政治的意図の誠実性を正当化したり、私が公にする見解の有効性を証明しようとするのは、間違いなく余計である。どちらの点についても、公衆と政治家にはこの著作を読んでから判断していただきたい。というのも、じっくり検討したのちに、この思想が新たな紛争の種を社会にばら撒こうとしているのか、あるいは、互いの協力が必要なもろもろの特別な手段を介して、ヨーロッパに秩序を再建するために政府の努力を支援しようとしているのかを決めるのは、彼らの役目だからである(5)。

訳注

科学と科学者の哲学的考察

（1）ここで「科学者」と訳した原語は、savants（学者）であり、scientistes という言葉は十九世紀末に英語からフランス語に導入される。したがって、「科学と科学者」（les sciences et les savants）は「学問と学者」と訳すことも可能である。実際、本文中ではそのように訳し分けた箇所もあるが、この論文では主として「科に分かれた学」の在り方をまさしく主題としている点を考え、先訳に倣い「科学と科学者」とした。sciences という言葉にコント自身が込めた意味については二二四頁を参照。

（2）この論文の初出は、雑誌『生産者』の一八二五年十一月十二日号、十九日号、十二月三日号の三回に分けて掲載された。なお、初回号のタイトルには次のような原注が付けられている。「この「科学と科学者の哲学的考察」で展開される諸原理は、「実証政治学体系」（「プラン」論文のこと）と題された同じ著者による著作のなかで、その最も重要な結論とともにさらに詳細に論じられている。基本思想を含むこの著作の第一部は、一八二二年五月に印刷に付されたが、ヨーロッパの学者と政論家のほとんどの方々に知ってもらうために、一八二四年に再版された。この第一部の最終版は、間もなく書き終わる第二部とともに発行される予定である」(*Le Producteur, Journal de l'industrie, des sciences et des beaux-arts*. Paris, 1825, t.1, p.289)。

（3）バルテス＝ポール＝ジョゼフ・バルテス（一七三四－一八〇六）。モンペリエ学派の生気論者。コントが参照している著作は『人間科学の新基礎原理』（一七七八）。

（4）フェティシズム、多神教、有神論（一神教）という宗教進歩論は、コントの蔵書にも入っているバンジャマン・コンスタン『宗教論』第一巻（一八二四）で既に展開されたシェーマであり、コントはこの説に従って議論を展開している。
（5）しばしば、実証主義はアプリオリな観念もなしにすべての知識が経験から由来すると考える経験主義と混同されがちだが、このようにコントは若い頃からこの考えとは距離を取っている（A）。
（6）ベルトレ＝クロード・ルイ・ベルトレ（一七四八－一八二二）。フランスの化学者・医者。パリ理工科学校教授。彼の著作『化学的静力学論』（一八〇三）を所蔵していたコントは、『実証哲学講義』でも彼の議論を再説する。
（7）雑誌『生産者』に掲載された初出の論文（以下、初版と呼ぶ）では、ここに次の原注が入る。「この分類原理は、ひとたび物理学の知識がその全体から考察できるようになるや、必然的におのずとその姿を現さざるをえなかったほど極めて自然なものである。この理論は今日では、自然哲学の各部門に関するあらゆる議論、特に生理学の議論のなかに、多少の差はあれはっきりと看取できる。とりわけここでは、この観念を正確かつ正しく展開しているドゥカンドル氏の『植物学論』を挙げておきたい。学者たちがこれほど重要な一般的視点――それにもかかわらず現在まで純科学的な著作に限られていた視点――をどれほど謙虚に導入したのかを、その範囲・単一性・均質性の点から指摘することは哲学的に無駄ではないとわれわれは考える。というのも『百科全書』以来公衆は、かなり派手に吹聴されてきた形而上学的分類、つまり互いにほとんど両立しがたい理論同士をこの上なく奇妙な比較によって結びつけるこの分類に、ずっとうんざりしてきたからである」（*Le Producteur, ibid.*, t.1, p.351）。
（8）この研究の方向は、カバニス『人間心身関係論』（一八〇二）によって口火が切られ、ガルとその骨相学へと受け継がれた（A）。
（9）ド・メストル＝ジョゼフ・ド・メストル（一七五三－一八二一）。フランスの反革命思想家、教皇至上主義者。『サンクト・ペテルブルクの宵』（一八二一）は、彼が一八〇二年にサルデーニャ王の代理として当地に赴任した際に著された。
（10）ヘルダー＝ヨハン・ゴットフリート・ヘルダー（一七四四－一八〇三）。ドイツの哲学者、詩人。言語論や歴史哲学を研究し、当時のロマン主義に大きな影響を与えた。主著『人類史の哲学考』（一七八四－一七九一）。このヘルダーやカントの思想は当時のフランスではまだほとんど知られていなかったが、実証主義を広めるべくドイツに渡った弟子のデシュタルが送ってきた仏訳抜粋によって、コントは彼らの思想に触れることができた。ただし、デシュタルの抜粋は限られたものであり、しかもコントはドイツ語を解さなかったため、彼のドイツ思想の理解はかなり限定的である。

（11）ドイツのローマ法学者フリードリヒ・フォン・サヴィニー（一七七九－一八六一）を中心に集まった歴史法学派のこと（A）。

（12）これは次の論文「精神的権力論」のテーマとなる（A）。

（13）「第一論考」とは本論文の最初の連載号（一八二五年十一月十二日）を指している。この段落から最終連載号（第三論考）が始まるが、初版ではこの段落の前に次の導入文が置かれている。「前号［第二論考］の結論から、われわれは、人間精神の自然の歩みにより、学者たちがいまや新しい政治的な存在へと促されていることを認めた。この変化の性格とその重要性を適切に見極めるためには、文明の各時代ごとに学者階級の社会的立場に現在までに起こった主要な変化の歴史的連鎖を、一般的に考察することが必要である」（*Le Producteur, ibid.*, t.1, p.450）。

（14）初版では次の文章が続く。「われわれは、後日稿を改めてこの見解をさらに検討するつもりである。それは、現在までに生み出されたすべての見解のなかで社会的大問題の根幹に直接かかわるものであり、したがってまともな議論に値する唯一のものだからである」（*Le Producteur, ibid.*, t.1, p.459）。

（15）アルベルトゥス・マグヌス＝ドイツのドミニコ会士（一一九三－一二八〇）。アリストテレス哲学、自然科学、医学に精通し、自然学の研究を推進した。聖トマス・アクィナスの師として知られる。

（16）モンジュ＝ガスパール・モンジュ（一七四六－一八一八）。フランスの数学者、工学者。パリの理工科学校の創設者。フランス革命時には海軍大臣を務め、軍事技術として大砲や火薬の製造法なども開発した。

（17）初版では次の文章が続く。「われわれは、観察者たちの注意を引くに値するように思われるこの一連の事実関係について、後日再び立ち戻る機会を間違いなく持つであろう」（*Le Producteur, ibid.*, t.1, p.469）。

精神的権力論

（1）この論文の初出は、雑誌『生産者』の一八二五年十二月二十四日号、一八二六年二月十一日号、二月十八日号の三回に分けて掲載されおり、「三月」というのはコント自身の誤解である。

（2） 初版ではここに次の原注が入る。「この主題に関するいくつかの重要な議論について知りたい読者は、上記で参照願った一連の論考〔「科学と科学者の哲学的考察」〕の冒頭で示した著作〔「プラン」論文〕の導入部を見ていただきたい」（*Le Producteur, ibid.*, t.1, p.602）。

（3） たとえば、教皇に対するルイ十四世の要求を支持するために、一六八一年にボシュエが起草したフランス・ガリカン教会の自由宣言などがこれにあたる。この伝統に対して、ド・メストル、ラムネら十九世紀の教皇至上主義者らは教皇庁の優越性を主張した（A）。

（4） ロシア皇帝アレクサンドル一世（一七七七－一八二五）のこと。ナポレオン失脚後のウィーン会議で主導的な役割を演じ、その後のヨーロッパ反動体制の中心人物になった。一八二五年十二月一日に死去。

（5） 分界線＝いわゆる教皇子午線のこと。コロンブスの「アジア」到達の知らせに、ローマ教皇アレクサンデル六世が一四九三年に設定したポルトガル・スペイン両国の勢力分界線。これにより、両国の間にトルデシリャス条約が結ばれ、大西洋上を通る子午線（西経四六度三七分）の東側がポルトガル領、西側がスペイン領となった。

（6） ライプニッツ（一六四六－一七一六）は哲学研究（『単子論』）にとどまらず、恒久平和論で知られるアベ・ド・サン＝ピエールの研究や、教会の統一を念頭にボシュエとも連絡を取り合うなど、ヨーロッパの統一にも関心を持ち続けた（A）。

（7） ラムネ＝フェリシテ・ド・ラムネ（一七八二－一八五四）。フランスのカトリック思想家。王政復古期にド・メストル亡き後の教皇至上主義の中心人物として活躍後、カトリック社会主義に接近した。コントはサン＝シモンと決裂直後に、ラムネを訪ねて新たな思想的関係を築こうとするが、信仰（礼拝）の自由を容認したラムネに対する評価は一様に否定的である。本コレクション『ソシオロジーの起源へ』「全体の序文」も参照。

（8） ボナルド＝ルイ・ド・ボナルド（一七五四－一八四〇）。フランスの反革命思想家、政治家、ガリカニスト。一八二五年から復古王政の検閲委員会の首班を務めた。主著『政治・宗教権力論』（一七九六）。

（9） エクシュタイン＝フェルディナン・ド・エクシュタイン（一七九〇－一八六一）。デンマーク生まれのロマン主義思想家。通称〝バロン・デクシュタイン〟。F・シュレーゲルの影響下でカトリックに改宗し、当時ドイツで流行のオリエンタリズムをフランスに導入してカトリックの復権を訴えた。

る（J）。

（10）　おそらくコントがここで念頭に置いているのは、一八二五年に出版されたラムネの『宗教論』のことである（J）。

（11）　ベッカリア（一七三八－一七九四）が『犯罪と刑罰』で問題提起して以来、「罪と罰」は流行のテーマとなった。ベンサム（一七四八－一八三二）は、犯罪者の更生を刑罰目的として定義し、犯罪学の研究に純功利的な観点を導入した（A）。

（12）　初版ではこの段落の後に次の文章が置かれて、連載の初回号が終わる。「われわれは、諸特徴のこのような奇妙な転倒に関する正しい解釈を、この連載号で指摘したものと考える。次号では、この転倒を立て直すことにしたい」（*Le Producteur, ibid.*, t.1, p.616）。

（13）　この第二考察については、コントは『実証主義教理問答』（一八五二）でようやく再び取り上げることになる（A）。第一考察しか扱わなかった理由については、本論文の最終パラグラフを参照。

（14）　初版では「精神的な」moral となっている（*Le Producteur, ibid.*, t.2, p.321）。

（15）　セー＝ジャン＝バティスト・セー（一七六七－一八三二）。フランスの自由主義経済学者。スミスの自由放任主義に傾倒し、「セーの販路法則」で知られる。主著『経済学概論』（一八〇三）。早いうちからコントは、サン＝シモンの勧めで彼の経済学に接していた。

（16）　デュノワイエ＝シャルル・デュノワイエ（一七八六－一八六二）。フランスの法律家、経済学者。シャルル・コントと共に、自由主義雑誌『批評者』（一八一四）を刊行。ここでコントが参照しているのは『産業と道徳――自由との関係からの考察』（一八二五）。コントのデュノワイエ評はのちに自由主義者との間で論争のテーマの一つとなる。

（17）　初版では以下の文章が続く。「最も重要な各論点について、人々が十分に適切な注意を一般的にまだ向けていないこの著作の読書を広く勧めるために、われわれは喜んでこの場を利用するものである」（*Le Producteur, ibid.*, t.2, p.366）。

（18）　初版ではここに次のような原注が入る。「この論文は読者の間に若干の誠実な反論を呼び起こすであろう。だが、われわれはこの論考を閉じるにあたり、これに続く二本の論文で精神的権力の問題に関するこの最初の一般的検討を終了するまで、読者にはその最終判断を保留していただきたいと考えている。われわれは、この根本問題に関する真に哲学的な議論が開始されることに、大きな重要性を認めるものである。ただし、この種の論争は、それがわれわれの見解の全体を対象としたものでない限り、適切な性格を持ちえず、本当に有益なものにもならないだろう」(*Le Producteur, ibid.*, t.2, p.376)。

ブルセ「興奮論」の検討

(1) 本論文の初出は、『パリ時評』(一八二八年八月)。
(2) ガル＝フランツ・ガル(一七五八－一八二八)。ドイツの脳科学者。骨相学の創始者とされる。脳の解剖学、神経の生理学を研究し、神経解剖学の進歩に貢献した。コントはのちにガルの考えに傾倒していくが、骨相と人種・性格の関係の研究(いわゆる骨相学)というよりも、その脳局在説に関心を寄せている。
(3) ブルセ＝フランソワ・ブルセ(一七七二－一八三八)。フランスの生理学者。生命現象は適度な刺激・興奮により維持されるとし、病気は器官の過剰な刺激で引き起こされるので、病気と健康には質的な差はないと考えた。コントがここで取り上げている著作は、『興奮・狂気論』(一八二八)。
(4) 原文では「生理学者」となっているが、それだと文脈が合わない。ブルセの著作の該当箇所では「心理学者」を表す人称代名詞が当てられているので、「心理学者」に直した。
(5) ブラウン＝ジョン・ブラウン(一七三五－一七八八)。スコットランドの医者。病気は外部からの刺激の過不足で起こるとする「ブラウニズム」(興奮性説)と呼ばれる医療体系の提唱者。健康と病気の一切を刺激に対する感応性(興奮)として理解することに努め、生物はこの興奮性を有する点で無機物と区別されるとした。ブラウンの思想は哲学界でも反響を呼び、ドイツではシェリングが彼の説を批判した。
(6) この箇所は、一八二六年に精神的発作を起こしたコント自身が八カ月間療養所生活を送った実体験を述べている(J)。

資料

（1）「ナショナルな結束」association nationale という考えは、一八一八年の『産業』第四巻のなかですでにみられる。サン＝シモンによれば、それは「できる限り裕福と幸福を社会の構成員に与えることを目的とした産業的事業」と定義される。

（2）この後にコントの「社会再組織のための科学的研究の趣意書」（一八二二年）が続く。

（3）サン＝シモンによれば、プラトンの綜合・推論・アプリオリの方法を重視する哲学と、アリストテレスの分析・事実・アポステリオリの方法を重視する哲学が歴史的に交互に人間精神を支配する。例えば、十七世紀のデカルトと十八世紀のロックの哲学的対立もこのシェーマで理解される。

（4）この後に、一八二二年の論文「社会再組織のための科学的研究の趣意書」のタイトルを変更した「実証政治学体系——第一巻第一部」のコント自身の序言が続く。

（5）この後に、本文（「社会再組織のための科学的研究プラン」〔既刊コント・コレクション『ソシオロジーの起源へ』所収〕）が始まる。

年譜

一七六〇	アンリ・サン＝シモン、パリに生まれる。
一七七九	サン＝シモン、アメリカ独立戦争に従軍。
一七八九	フランス革命。
一七九八	オーギュスト・コント、一月二十日に南仏モンペリエのカトリック王党派の家庭に生まれる。サン＝シモン、理工科学校近くの自宅をサロンとして開放し、文士、科学者たちと交流。
一八〇三	サン＝シモン『ジュネーヴ人の手紙』出版。
一八一四	コント、パリの理工科学校入学。サン＝シモン、オーギュスタン・ティエリを秘書とする。
一八一六	コント、教師への反抗の廉で学生団体の仲間と共に理工科学校を退学処分。故郷モンペリエに一時退去。医学校でバルテスの講義を聴講。サン＝シモン、ティエリと共に『産業』第一巻出版。
一八一七	八月、パリに戻ったコントはティエリに代わりサン＝シモンの秘書兼共同執筆者として迎えられる。十月までに『産業』第二－三巻を出版。

一八一九	コント、「意見と願望の一般的区別」を『批評者』のために執筆するが不掲載。
一八二〇	コント、「一般近代史概論」を『組織者』に発表。
一八二二	コント、「社会再組織のための科学的研究の趣意書」の抜き刷り百部を頒布。
一八二三	サン゠シモン、ピストル自殺未遂。支援者となる銀行家A・ロドリーグと出会う。十二月『産業者の教理問答』第一分冊出版。
一八二四	四月、コントは二二年の論文に「実証政治学体系——第一巻第一部」のタイトルをつけて出版。その序言でサン゠シモンから批判を浴び、師と訣別。
一八二五	コント、カロリーヌ・マッサンと結婚。サン゠シモン、『新キリスト教』出版。五月十九日、急性肺炎のため死去（六十四歳）。サン゠シモンの弟子たちが雑誌『生産者』発刊。コント、『生産者』に「科学と科学者の哲学的考察」を発表。
一八二六	コント、『生産者』に「精神的権力論」を発表。四月、自宅で実証哲学講義開講。精神的発作で中断。十二月までエスキロルの施療院に入院。妻の出奔が始まる。
一八二七	四月に「芸術橋」からセーヌ川へ投身自殺未遂。
一八二八	『パリ時評』に「ブルセ「興奮論」の検討」を発表。
一八二九	王立アテネ学院で実証哲学講義再開。
一八三〇	『実証哲学講義』第一巻（全六巻、〜一八四二）を出版。七月革命。
一八三一	パリの区役所で天文学の無料公開講座を開講。

一八三三	コレージュ・ド・フランスに科学史講座の開設をギゾーに提案するも拒否される。
一八四一	J・S・ミルと文通開始（〜一八四六）
一八四二	妻と別居。
一八四三	『解析幾何入門』出版。
一八四四	「実証精神論」（『民衆のための哲学的天文学概論』の序文）を発表。理工科学校の入学試験官の職を失い、ミルやE・リトレらの財政的援助を受ける。十月、クロチルド・ド・ヴォー夫人との出会い。
一八四六	ド・ヴォー夫人の死去。
一八四七	人類教の表明。
一八四八	人類教に触れた最初の著作『実証主義総論』出版。寄付を募るため実証主義者協会を創設。二月革命。
一八四九	教会の創設と大司祭の自任。『実証主義カレンダー』出版。
一八五一	『実証政治学体系』第一巻（全四巻、〜一八五四）出版。コントがナポレオン三世のクーデターを是認したことに憤慨し、リトレら数名が実証主義者協会を脱退。
一八五二	『実証主義教理問答』出版。第二帝政開始。
一八五三	イギリスで『実証哲学講義』の英訳縮約版が出版。
一八五四	『実証政治学体系』第四巻の末尾に初期論集（本コレクション『ソシオロジーの起源』『科

	学＝宗教という地平』）を合本して出版。
一八五五	『保守主義者への訴え』出版。
一八五六	『主観的綜合』第一巻出版。
一八五七	九月五日、弟子たちにみとられて、伝染性黄疸のためパリの自宅で死去（五十九歳）。 ペール・ラシェーズに埋葬。

訳者解説　科学と産業の相克——コントとサン＝シモン

杉本隆司

コントの書斎にある
クロチルド・ド・ヴォー夫人の肖像

科学の権威は科学的意見の中にある。〔…〕科学とその持続的進歩について語ることは、科学の基本原理と、これを応用したり修正したりするときの科学者の誠実さとに対する信頼を公言することである。

M・ポラニー『科学・信念・社会』（中桐・吉田訳）

コント・コレクションについて

本巻『科学＝宗教という地平』（以下、『地平』）は、既刊『ソシオロジーの起源へ』（以下、『起源』）とともに、コント・コレクションと題して刊行されたシリーズの二冊目にあたる最終巻である。この二冊に収録された論文は、コントが晩年の大著『実証政治学体系』の最終巻（一八五四年）の末尾に「社会哲学に関する著者の初期の小作品《オプスキュル》から成る『実証政治学体系』の一般的補遺」と題して再録した青年期の六論文の全訳である。この六編のうち『起源』には、前半の三論文（「意見と願望の一般的区別」、「一般近代史概論」、「社会再組織のための科学的研究プラン」）および一八五四年にコント自身が付けた「全体の序文」を、『地平』には後半の三論文（「科学と科学者の哲学的考察」、「精神的権力論」、「ブルセ「興奮論」の検討」）および資料としてサン＝シモンとコントの序言を三編、それぞれ収録した。

この六論文は、研究者の間では「オプスキュル」と呼ばれる基本文献であり、特に「社会再組織のための科学的研究プラン」（以下、「プラン」）は、彼の初期思想の理解にとどまらず、その後の思想全体の理解にとって欠かすことのできない論文と考えられている。コント研究においてこれまで「プラン」論文が重視されてきた主な理由としては、一つにはコント自身がそれを終生「基礎的小作品《オプスキュル・フォンダマンタル》」と呼んで自らの思想の出発点に位置づけたこと、そしてのちに触れるようにコントの師であったサン＝シモン（一七六〇－一八二五）との訣別を引き起こした論文であったことが挙げられる。ただ、そうした思想史的な理由に加えて、もう一つ実際的な問題として、コント思想全体へのアクセスの難しさがあるのは否めないだろう。

『オーギュスト・コント著作集』全十二巻のうち、最初の六巻が前期の主著である『実証哲学講義』（全六巻、一八三〇－一八四二）に、七巻から十巻までが後期の主著である『実証政治学体系』（全四巻、一八五一－一八五四）に充てられ、この二作品だけで著述の全体の八割以上が占められており、しかも社会学にとどまらず、数学、天文学、物理学、化学、生物学（生理学）の知識も要求されるため、浩瀚な著作のすべてを消化して全体像を示すのはなかなか容易ではない。コントの生前から、イギリスの賛同者の求めに応じて『講義』の縮約版が英訳で出されているように、アクセスの問題は日本人に限った問題ではないが、とりわけ日本では、主としてこの「プラン」論文や『実証精神論』(一八四四年)といった小品を中心に彼の実証主義やその社会学が理解されてきたと言っても過言ではないだろう。

歴史を振り返れば、コントの思想は明治初期に西周らによりJ・S・ミル、スペンサーらの思想とともに哲学思想としてはかなり早い段階で日本に紹介されている。しかし、当時のスペンサーの翻訳ラッシュに比して「何一つ翻訳されず、誰も問題にしなかったコント」(清水幾太郎)という状況は、翻訳レベルだけでいえば現在もそれほど変わりはないと言える(事実上、現在入手可能な邦訳は『世界の名著　コント・スペンサー』だけである)。本コレクションのささやかな役割の一つは、コント思想の全体とまではいかずとも、「オプスキュル」の全体へのアクセスを容易にすることで、「プラン」論文を初期の思想的文脈に置き直し、彼の思想の持つ多面的な論点をもう一段幅広い視点からとらえる機会を広く共有することにある。

「オプスキュル」の意図

とはいえ、この「オプスキュル」は単なる初期論文の寄せ集めというわけではない。本シリーズは、コント・コレクションと名打ってはいるが、正確にいえば晩年のコント自身によるセレクションであり、一定の彼自身の問題意識に沿って論文が編まれている点を指摘しておかなければならない。晩年になって青年期の論考をまとめて再版したコントの意図は、「全体の序文」

（『起源』）で述べられているように、まずはコント自身の思想的変遷を巡る当時の弟子や同時代人たちとの見解の相違の解消にあったことがわかる。

研究者の間では、コントの思想的変遷を前期と後期に分け、前期の代表的著作を『講義』とし、後期におけるそれを『体系』とみる点では一致しており、この前期と後期を分ける試金石として考えられているのが一八四四－四五年を境とした、それ以降のいわゆる「人類教」（la religion de l'Humanité）の表明である。

見解の相違というのは、大雑把にいえば、前期において科学的方法による社会の再組織化を構想していたコントが、当時求愛していたクロチルド・ド・ヴォー夫人の死（一八四五年）以降、実証哲学の宗教化へと向かったのは、はたして思想上の発展なのか、あるいは堕落なのかという点に集約される。のちの研究者たちの争点となったのはもちろんのこと、コントの生前からすでに弟子や同時代人たちの間で亀裂を生んでいたこの問題に対して、コント自身が前期と後期の間には断絶はなく、「わが哲学はまさにわが政治学の基礎となるために創始された」（「全体の序文」）ことを証明するために編まれたのが、この「オプスキュル」ということになる。

したがって、「オプスキュル」は、単に若きコントの思想の理解だけでなく、すでに後期の大著を書き上げ、人類教を宣言した彼の後期思想を理解するためにも重要な検討材料を提供してくれる。この序文の主張に従えば、前期の実証哲学は、「わが政治学」、つまり人類教という制度宗教の実践的創設の「基礎」にすぎない。

すでにコントは『体系』第一巻の冒頭で自らの実証主義を次のように定義していた。「実証主義は本質的に一つの哲学と一つの政治学から構成されている。前者は知性と社会性が密接に結合されている同一の普遍的体系の根本原理をなし、後者はその目的をなすものとして必然的に不可分である」(強調筆者)。確かに哲学と政治学は互いに切り離すことができないが、後期のコントにとってあくまで現実の実証政治＝人類教の創設に力点があったとすれば、この「オプスキュル」を晩年に刊行した彼の意図は、前期の実証哲学の再確認とともに、すでに青年期の著作に盛られていた実証主義の「目的」を広く知らしめることに主眼が置かれていたと言ってよいだろう。

だが一八四七年に表明される人類教の創設などという「目的」は、初期の諸論文にはもちろん登場しない。結論からいえば、コントが「オプスキュル」によって証明しようとしたのは、「新たな精神的権力の確立の意図」(「全体の序文」)ということであった。コントに言わせれば、古い精神的権力(ローマ教会)に代わる「新たな精神的権力」こそ、将来の人類教を予告しているというわけである。「オプスキュル」の各論文が、したがってこうした大局的な意図のもとに編まれているとすれば、「プラン」論文も含めたテキスト全体に対して、これまでとはまた違う新たな角度から光を当てることができるだろう。

たとえば、通常、コント思想の中心的概念だと考えられている三状態の法則や諸学の分類法則、あるいは社会物理学、秩序と進歩、総合社会学という馴染の思想を探すために、「オプスキュル」の第一論文（「意見と願望の一般的区別」）から読むと、われわれの期待はすぐに裏切られる。これらの考えが姿を現すのは第三論文、つまり「プラン」論文以降だからである。コントがそれを「哲学的・社会学的な私の歩みが最終的に定まった論文」と呼び、「社会学法則を発見した」（「全体の序文」）と豪語しているところを見ても、自らの思想の出発点に位置づける「プラン」論文に対するコントの並々ならぬ思い入れが確かに伝わってくる。だがそうであればこそ、自分の歩みがいわばまだ定まっていないそれ以前の二論文、とりわけ全集版でいえばたった三頁にも満たないような第一論文を、コントはなぜ「オプスキュル」に収録したのだろうかという疑問が当然湧いてくる。

こうした疑問に対するコントの回答が、すでに指摘したように、「新たな精神的権力の確立の意図」を基準とした論文の選択であった。コントの意図をこのように考えた場合、「プラン」論文で展開される多くの基本テーゼも、精神的権力の樹立というもう一段大きな枠組みのなかで解釈することで、改めてその意義が明らかになるはずである。

ところで、「全体の序文」ではもう一つの別の選別基準が、決して明瞭とは言い難いが、重要な一文で示唆されていた。コントいわく「私のデビュー当時の有害な関係が自分に及ぼした若書きの文書の除外」、つまり師サン＝シモンの影響下にあった初期論文の排除がそれである。では「有害な影響」とは具体的に何を指しているのか。実をいえば、「プラン」論文を契機としたサン＝シモンとの訣別の思想的背景にも、この精神的権力を巡る両者の観点の違いが大きくかかわっている。

サン＝シモン思想の受容

一七九八年一月十九日、南仏のモンペリエの王党派の家系に生まれたオーギュスト・コントは、地元のリセを優秀な成績で卒業後、一八一四年十月にパリの名門、理工科学校《エコール・ポリテクニック》に入学する。一七九四年に革命政府によって創設されたこの学校は、将来の共和国を担う軍事と産業の理工系エリートを養成する専門の学校であり、コントもこの学校で啓蒙主義的共和主義者として成長していく。とはいえ、彼が入学した一八一四年といえば、ナポレオンがエルバ島に流され、翌年の百日天下をまたいで、時代の政治体制は王政復古に向かおうとしていた頃である。一六年に当局は理工科学校の共和主義を一掃すべく、学校を一時的に閉鎖し、コントを含む反抗的学生を退学処分とした。これにより、社会的上昇の道を閉ざされたコントは、家庭教師や母校の復習教師として生計を立てながら、一生を在野で過ごすことになる。

　こうした状況のなかでコントは一八一七年五月頃にサン＝シモンと出会う。両者が出会ったとき、コントは十九歳、サン＝シモンはすでに五十七歳だった。親子ほども離れた二人がどのような経緯で出会い、意気投合したのか実はよくわかっていない。いずれにしても、この出会いによってかつての啓蒙思想信奉を捨てたコントは、その年の八月からのちに著名な歴史家となるオーギュスタン・ティエリの後を継いでサン＝シモンの秘書となる。そして二人は、二四年の決別の時までの約七年間、共同執筆者として活動することになるのである。

それでは、当時のコントが惹きつけられたサン゠シモンの構想とは何であったか。それは一言でいえば、フランス革命とナポレオン戦争後の混乱したヨーロッパの社会秩序を実証科学によって産業社会として再組織することである。多岐に及ぶ著述と数多くの未発表草稿をその生涯にわたって残したサン゠シモンは、俗に「矛盾の権化」とも称されるようにその思考様式に一貫性を見出すことはかなり難しい。しかし、彼の社会再組織論の理論的骨子として、まず第一に指摘すべき考え方は、ある時代の社会秩序は、その時代の人間の考え方を根底から規定する一般的な観念体系ないし思想体系が具体化・応用されたものであるという点である。

「宗教、一般政治、道徳、公教育の体系は、観念体系の応用にほかならないこと、あるいはこういう言い方をしたければ、異なった側面から考察された思想の体系であること、がわかる。それゆえ、新しい科学体系が完成されれば、宗教、一般政治、道徳、公教育の諸体系の再組織化が行われ、したがって聖職者集団が再組織されるであろうことは明らかである。〔…〕一国の諸組織は社会秩序についての一般的観念の個別的な適用であること、それであるからヨーロッパ政治の一般的体系の再組織化は、それに続いて政治的結合によってこの広大な（ヨーロッパ）社会を形成している様々な国民の国家的再組織を次々ともたらすであろう、ということがわかる」（『人間科学に関する覚書』一八一三年、強調筆者）。

したがって、逆にいえば一般観念体系の欠如が社会的危機（デュルケム流にいえばアノミー）を生む。だが、サン＝シモンが一般観念体系と呼ぶものは一体何を指しているのか。これはコントの思想を理解する上でも重要なので少し丁寧に見ていこう。

サン＝シモンがそのモデルに考えているのは神学体系である。例えば、かつての一神教の体系は、当時の紛れもない「知識」の集大成であると同時に、神の観念を中心に民衆をまとめ上げる教会組織を基盤とした社会秩序を体現していた。人々は聖書やカテキスムに基づく共通の歴史観と世界観の原理を一様に信じていたのであり、どんな社会秩序も、その根底には「信じる」という土台がある。ローマ教会という普遍的な精神的権力が世俗の政治権力を教導していた中世の二重権力体制こそその典型であった。ところが中世末期のアラビア科学の流入から宗教改革までの一連の動きによって、政治的には教皇制に依拠するヨーロッパ普遍主義が解体し、知識の面では聖職者たちの精神的権威も失墜、もはや民衆は彼らの言うことを信じなくなってしまった。社会秩序の土台が人々の「信じる」ことにあるとすれば、既存の知識への懐疑は同時に社会秩序に決定的な打撃を与えることになった。

したがって、サン＝シモンの認識では、十八世紀啓蒙思想もフランス革命も、こうした懐疑運動の延長上において理解されなければならない。中世末期から大革命までの約五世紀間、一貫して精神的権力への批判活動が継続されてきたとすれば、現在の社会的混乱は大革命のような直近の社会的事件よりも、キリスト教に対する啓蒙主義の知的革命、さらには宗教改革にまでその原因を求める必要がある。人類史をこの批判的時代と組織的時代の交互運動とみなす彼の歴史認識によれば、十九世紀のフランス社会は再び中世と同じ有機的＝組織的時代に入らなければならない。コントがサン＝シモンと訣別する前にこの認識を下敷きに定式化したのが、いうまでもなく「三状態の法則」（la loi des trois états）ということになる。

それでは十九世紀のフランス社会で実際に、誰が新しい一般観念体系を構築し、その成員に「信じさせる」のか？　先の引用に従えば、サン＝シモンが提起したもう一つの論点こそ、科学的体系の形成・維持のための新たな聖職団の要請である。「観念の体系、宗教原理が再組織される時には、聖職者団は再組織される。〔…〕聖職者団の再組織は科学集団の再組織以外のものではありえない。けだし、聖職者集団は、科学集団たるべきだからである」（同上）。実質的デビュー作『ジュネーヴ人の手紙』（一八〇三年）でも、すでに「精神的な権力を学者の手に、世俗的な権力を有産者の手に」と書き記し、一八一〇年の草稿ではこの科学者集団を「教会」とまで呼んでいるように、ローマ教会に代わる十九世紀の精神的権力の創設というその後のコントの構想は、散発的にではあれ、すでにサン＝シモンの文書のうちに胚胎していた考えなのである。

実証科学論から産業主義へ

このようにサン＝シモンの狙いは、何よりもまず啓蒙主義と革命が最終的に崩壊させた古い一般思想＝神学体系に代えて、人々が信じるに足る新しい知識体系＝実証科学体系を構築することにあった。宗教改革以来の懐疑と批判の運動を決定的に停止させること、これこそ再び社会秩序を取り戻す鍵である。「社会の無秩序が道徳的・政治的諸観念の古い体系の没落に起因するならば、この無秩序は新しい体系の受容によってのみ終了する。なぜなら社会体制は絶対に一つの体系が必要だからである」(『産業』第三巻第一分冊)。サン＝シモンと出会ってわずか四カ月後に掲載されたこのコントの第一声は、サン＝シモンの思想を早くも自分のものとしたことを示していると同時に、その後の「オプスキュル」の各論文の土台となる彼の基本的な考えを表現している。

では、コントがのちにサン＝シモンの思想を「有害な影響」とまで蔑むようになった理由は何であろうか。実は論調を変えたのはサン＝シモンのほうであった。ヨーロッパ社会の再組織という彼の構想は、初期論文から最晩年の著作まで一貫して変わらないが、多くの研究者が指摘しているように、一八一四年を境として研究の対象が大きく変化する。すでに見てきたように、サン＝シモンがまず取り組んだ問題は、社会の再組織のための理論となるべき実証科学＝一般体系の構築であった。ところが、彼が社会の組織化の先覚者として期待していたナポレオンが没落し、王政復古へと旋回する一八一四年以降、徐々に彼の考察の比重が理論から実践、つまり科学（者）ではなく産業（者）を中心とした社会の組織化へと移行していくことになる。

コントが加わる直前に刊行した『産業』第二巻（一八一七年五月）でサン＝シモンは、革命が神学的・封建的権力への信頼を低下させたと述べて、次のように書いた。「したがって、今日ではこれらの権力は社会の紐帯として役立つほど十分な威力と信頼をもはや持っていない。ではわれわれは一体どのような観念のなかにこの有機的紐帯、この必然的な紐帯を見出したらよいだろうか。それは産業的諸観念のなかでである。われわれが自らの救いと革命の終結とを探し求めなければならないのはそこにしかない」(強調筆者)。なぜなら「産業は社会存在の唯一の保証であり、あらゆる富とあらゆる繁栄の唯一の源泉」だからである。また別の箇所では生産者たちが学者を生産者たちのために働かせるとまで述べている。

通説では、帝政期まで歴史・科学論に没頭してきたサン゠シモンが突如、J・B・セーの経済学に依拠して産業主義を唱え出した背景には、一八一四年から共同執筆者として加わったティエリの影響が大きいと考えられている。実際、この自由主義者がこの『産業』第二巻をもってサン゠シモンのもとを去ると、それ以降、『産業』の論調は経済的自由主義を批判し、産業者の地位向上を訴えるもう一つの産業主義へと大きく旋回していくからである。そしてまさにこの時期にコントはサン゠シモンと出会うのである。

しかし、そうした転換期にあって、ティエリが去った直後にコントがサン゠シモン名で執筆した第三巻第一分冊は、まるで「一八一〇年のサン゠シモンに逆戻りした」(F・マニュエル)内容を持つものだった。つまり、組織的時代と批判的時代が交互に繰り返されるとする歴史哲学と、社会秩序に具現されるべき一般科学の体系化の必要性というあの主張である。これ以外にも、雑誌『批評者』に掲載を拒否された「意見と願望の一般的区別」(一八一九年)、『組織者』

第二分冊の第八、第九書簡として書かれた「一般近代史概論」(一八二〇年、ともに『起源』所収)、そして『産業体制論』(一八二〇-二一年)の一部を含めて、コントが執筆したと考えられている文書の多くが、世俗の産業組織論ではなく人間精神の歴史哲学や学者・科学論に集中しているのがわかる。つまり、コントはサン゠シモンがすでに完了したと考えた帝政期以前の科学の体系化の仕事になおも忠実にこだわり続けたのである。

そしてこのことが、コントの「科学の分類法則」、特に「三状態の法則」のオリジナリティを巡って、研究者や弟子たちのその後の論争を複雑にした一因であったと思われる。というのも、これらの法則のアイデアが確かにサン゠シモンの初期の草稿群のなかに散見されるとしても、すでにサン゠シモンはこの方面の仕事の精練は、コントと出会った時には事実上放棄していた、ないしその後も主として彼に任せていたからである。コントが後年にこれら社会学法則を「発見した」と豪語したとしても、それを彼の自己顕示欲の強さだけに還元することはできないだろう。

いずれにしても、コントにとって産業社会の実践的組織化は科学者による理論研究の完成を待たなければならない。P・ベニシューは、コントのこうしたこだわりについて、「サン゠シモンの〔理論から実践への〕性急な歩みによって変質し、ゆがめられたように思えた試みを、コントはきっちりと取り上げ直し、その本来の目的へと導きたいと願った」と表現しているが、対外的には彼らの共同作業は、少なくとも一八二二年までは、「精神的権力は学者へ、世俗的権力は産業者へ」という論点で歩調を合わせており、同一作業内の分業といったほうが正確である。だが、一八二二年四月に「プラン」論文の前身である「社会再組織のための科学的研究の趣意書」（以下、「趣意書」）がコントの初署名入りで印刷に付されると、この時から二人の関係は微妙にこじれだす。

無言の抵抗

「趣意書」は、元来は一八二一年の『産業体制論』第二部のために書かれたものであったが、コントが兄の葬儀のため急遽故郷モンペリエに戻ったため、出版に間に合わなかった。その後、『社会契約論――産業体制の樹立を目的とした研究の続編』という冊子の形で、結局一八二二年四月にサン゠シモンの序言付きで百部限定が頒布されただけだった。この冊子は『産業体制論』のシリーズからは外れながらも、「産業体制の樹立を目的とした研究の続編」というタイトルが示唆しているように、その体裁としては既刊『産業体制論』第三巻第一部の続きを意味している。

実際、この冊子の表紙には「著者アンリ・サン゠シモン」とだけ書かれ、コントの名前はコントの論文が始まる十五頁目にようやく現れる。つまり、サン゠シモンにとって、これはあくまで自分の著作であり、その序言で述べられているように、コントはなおもその「協力者」という位置づけにすぎなかったのである。そのほかにも、この序言にはコントとの思想的相違を明確にしようとする師の意図が読み取れる。なるほど、サン゠シモンはそこでコントの作品を自分の師と仰ぐ「ダランベールによる『百科全書』の序論に相当する」（本巻資料、一七一頁）と最大限の賛辞を送っている。一見すると両者の協力関係はなおも良好に見えるが、それに続く文章ですぐにサン゠シモンは産業家に向けて次のように宣言する。「私はこの基本的作品の後に続けて、われわれが取り組んでいる問題に関して、諸君を学者に従属させることなく、学者の研究を促進させるために諸君が採るべき方策を諸君に提示するだろう」（同頁、強調筆者）。

確かにサン゠シモンは学者の役割も無視してはいない。しかし、産業者は（科）学者の支配をうけるのではなく、あくまで社会再組織のために「有能な学者を雇う employer」立場に立たなければならない。なぜなら「農業・製造業・商業の事業主たちが国民を再組織すべきであり、彼らだけが圧倒的多数の民衆の能動的リーダーである」（本巻資料、一六八頁）からである。逆にいえば、コントの論文は産業者に対してほとんど注意を払っていないということであり、事実、そこでは新社会の必要性は訴えつつも、終始学者の役割しか語られてはいなかったからである。

こうしてみると、「趣意書」直前まで共同執筆を行っていた『産業体制論』（一八二〇－二二）のなかで、産業者が産業体制の指導者となるべきだとする見解と、世俗の産業の上に精神的権力をなす学者の階級が立つべきだとする見解が奇妙に同居している事実も、ある程度説明がつく。サン゠シモンにとって、コントの見解はあまりに学者の役割を重視しすぎているのに対して、コントからみると、サン＝シモンの立場は、精神的権力が必要だといいながら、それを産業者によって世俗的権力に吸収しかねない非常に曖昧なものに映ったのである。また単に思想上以外でも、サン＝シモンが筆禍事件でたびたび財政的支援者たちを怒らせてきたために、「趣意書」序言にちりばめられた産業者におもねるような師の態度もおそらく青年コントには気に入らなかったであろう。

しかし、コントはこの時点ではまだ両者の関係を壊さないように行動し、サン＝シモンのほうも優秀な書き手としてコントを必要としていた。翌年にサン＝シモンがピストル自殺未遂事件を起こした時も、コントは一晩中看護に付き添い、一八二四年二月にコントがマッサンと生活するために家を出るまで二人は同居し続けている。だがこの翌月に、二人の関係は突然終わりを迎える。

関係の終焉

事の発端は、自殺未遂事件後に財政的支援者（A・ロドリーグ）を見つけたサン＝シモンが『産業者の教理問答』の第三分冊として「趣意書」を再び掲載することを提案したことに始まる。コントの名前を削除し、新たに序言をつけるよう求められたコントは、まだ第一系列の研究しか終わっていないことを理由に拒否した。だが長い口論の末、『教理問答』とは別に総題として「実証政治学体系」をつけ、「趣意書」の文字を「プラン」に変更し、著者名を明記し、他人の序言は入れないことを条件に――つまりサン゠シモンの要求は拒否して――最終的にはこの提案を受け入れる。

だがこの口喧嘩にもかかわらず、コントはまだサン゠シモンとの関係を完全に切ろうとまでは考えていなかった。この喧嘩の後に書かれた「プラン」論文の序言をみると、あくまで自分は「サン゠シモン氏の弟子であることを喜んで宣言」（本巻資料、一七七頁）するものであり、自分の研究に対する称賛は「光栄にも私が加わっている哲学派の創始者〔サン゠シモン〕に帰せられるべき」（同一七八頁）とさえ述べているからである。これを字義どおりにとれば、「プラン」論文に盛られた社会学法則についても、おそらくサン゠シモンの貢献を認めるのにやぶさかでなかったのかもしれない。伝記研究者のピッカリングは「コントの非妥協的な性格からすれば、なんとも感傷的な序言であり、両者の関係を修復させようといかにコントが必死だったのかを示している」と評しているが、おそらくコントにとってはこれが自分の師に対する最後の忠誠の証だったのだろう。

しかし、こうしたコントの期待も結局はサン゠シモンに裏切られてしまう。コントに配布された百部の冊子は、確かに約束通り、他人（サン゠シモン）の序言を入れずに、『実証政治学体系』という単体の著作として届けられた。だがサン゠シモンはこれとは別に、『産業者の教理問答』の第三分冊に収めた冊子を勝手に自分の序言を付けて千部刷り、しかもこれをすべて購読者や寄付者に配布して書店で一冊も買えないようにしたのである。さらにそのサン゠シモンの序言をみれば、当時のコントの激昂は想像するに余りある。すなわち、コントの著作は「われわれが目指した目的に正確に達しておらず、彼はわれわれの体系の総論をまったく説明していない」（本巻資料、一七四頁）。なぜなら「われわれが構想した体系においては、産業的能力が首位に立つべき能力」（同頁）であり、「われわれの弟子は、われわれの体系の科学的部分しか扱わず、その感情的・宗教的部分をまったく論じなかった」（同一七五頁）からである、と。

ここに至って両者の関係はもはや修復不可能なまでの亀裂が入り、決定的に訣別することになる。その後、コントはサン゠シモンからの批判に応答するかのように、「科学と科学者の哲学的考察」（一八二五年）と「精神的権力論」（一八二六年、ともに本巻『地平』所収）を相次いで発表し、科学者の社会的役割と精神的権力の問題を改めて強調する一方、かつての師に対して「稀代のペテン師」、「堕ちた山師」（『実証政治学体系』第三巻序文）と生涯ののしり続け、自分の才能と学説のオリジナリティをことさら誇示するようになっていくのである。

このようにみてくると、確かにコントとサン゠シモンはそれぞれ思想的な相違を数年にわたって抱え続けたが、しかし、その相違はいわば互いの暗黙の了解であり、それ自体が両者の共同作業を決裂させた直接の要因だったわけではない。ただ、人格的な信頼関係が揺らぎだしたことで、それまで蓋をされていたパンドラの箱が一八二四年の三月に一挙に噴出し、これまでの両者の思想上の違いにまで事後的にクローズアップされていったというのが実情だったように思われる。

フランス国立図書館が所蔵する『実証政治学体系』の冊子（本巻一六六頁、図版）を見てみると、標題にある「アンリ・サン＝シモンの弟子」という文字とサン＝シモンへの献辞が述べられた段落が手書きで抹消されている。これはコントが献本する際に事前に行ったいわば「墨塗り」なのだが、よくみるとM. Saint-Simonという印字のすべてに消線が引かれている。もしこれが偶然でないとしたら、当時のコントの師に対する憎悪がいかばかりであったのかを物語っている。

参考文献

Paul Bénichou, *Le temps des prophètes : Doctrines de l'âge romantique*, Gallimard,1977.
Hiroshi Mori, *Bibliographie de Claude-Henri de Saint-Simon*, J. Grange (Ed.), L'Harmattan, 2012.
Mary Pickering, *Auguste Comte : An Intellectual Biography*, Vol. I-III, Cambrige University Press, 1993-2009.
安孫子信「A・コント」『哲学の歴史　社会の哲学』第八巻、伊藤邦武編、中央公論新社、二〇〇七。
清水幾太郎「コントとスペンサー」『世界の名著　コント・スペンサー』中央公論新社、一九七〇。
杉本隆司「民衆・宗教・社会学――サン＝シモンとコント」『社会統合と宗教的なもの』宇野重規、伊達聖伸、髙山裕二編、白水社、二〇一一。
中村秀一『産業と倫理――サン＝シモンの社会組織思想』平凡社、一九八九。
フランク・マニュエル『サン＝シモンの新世界』森博訳、上下巻、恒星社恒星閣、一九七五。
森博「サン＝シモンの生涯と著作（一－五）」『サン＝シモン著作集』第一－五巻、恒星社恒星閣、一九八七－八八。

＊＊＊

自分の研究してきた思想家としては、オーギュスト・コントがおそらく一番長い付き合いになる。大学院の修士課程の時に、今はもう亡くなった先生からコントの後期思想で修士論文を書くように言われてからだから、かれこれ十五年以上前になろうか。それ以来、『実証政治学体系』を中心に全訳には程遠いけれども全集の訳文を作ってきた。ある程度訳文もたまったので、当初はネット上にでも公開する予定だったが、出版不況と言われるなか、ありがたいことにその一部をこのたび刊行していただけることになった。

当初の予定では、今年の夏頃までにコレクションの全二巻を一度に出す予定だったが、諸般の事情で遅れをきたし、しかも時期をずらして出すことになった。その理由の一つは、昨年の冬にフランスで『サン＝シモン全集』の新版が刊行されたことで、そこに含まれているサン＝シモン名で出されたコント論文と、訳者の底本テキストとの照合作業を行ったほうがよいと考えたためである。もう一つの理由は、単に訳者の翻訳計画の甘さのゆえである。コント・コレクションには「全体の序文」と計六本の論文が収録されているが、この企画をいただいたとき、

「序文」と第六論文を除けば下訳はほぼ出来上がっていた。十年ほど前に作ったこの下訳を手直しすれば一年以内には刊行できると踏んでいたが、これが甘かった。誤訳の訂正はもちろん、単語レベルでの底本との再照合、六論文全体の訳語の統一など、手直しどころかほとんど全訳に等しい作業をすることになってしまった。

すでにJ・S・ミルなどもそのコント研究のなかで嘆いていたと思うが、コントの原文は非常に冗長で、はっきり言えば悪文である。ここに収めた初期の雑誌論文はまだ紙幅に制限があるのでそれほどでもないが、『実証哲学講義』、『実証政治学体系』などの文章はもう際限がない。同時代のB・コンスタンと並行して読んでいた時などは、これが同じ時代のフランス語かと閉口した記憶がある。いくら読んでも彼の真意がどこにあるのかなかなかつかめず、それはまるで発見の見込みの薄い金鉱脈を掘り当てるような作業だった。しかも、そこで掘り当てるものといえば、今ではすっかり見向きもされなくなった人類の進歩史観や古典的な社会学法則、権威的な科学主義などなど学説史の骨董品と言われているものばかりだった。

だがコントを読んでいくと、彼が人類史の進歩と呼んでいるものと、現代の歴史観がいかに大きく異なっているのか、否が応にも考えさせられる。例えば、いわゆる歴史の「大きな物語」が退場した後に来たものは何かといえば、もはや普遍的な世界史の構築を目指す努力を放棄した、民族や国家ごとに独自の歴史を主張する修正主義という「小さな物語」だった。確かにコントのような人類発展史は西欧中心主義的だし、植民地主義的な思考なのかもしれないが、なんらかの普遍的な理念が人類史的に共有されているというある種の「信仰」が失われたとき、民族や国家という存在が前面に押し出され、国家間の歴史認識や紛争の対立を調停する手立てが失われてゆくというコントの問題意識は現代でも色褪せていない。

また科学の権威による社会の統治というコントの主張も、確かに表面的にだけ読めば——ハイエクのように？——かつての共産圏を髣髴とさせる科学主義による人民の支配＝全体主義の起源にみえなくもない。だがコントの社会学が生まれたのは、王権とカトリック体制が崩壊し、人々が一体何を信じて生きればよいのかという精神的な危機の時代の産物であったことは忘れてはならないだろう。これに似た状況は最近の日本でも起こった。もちろん東日本大震災、とりわけ原発事故の影響である。

目に見えない放射能の脅威に対して、国民は連日メディアに出てくる科学者たちの見解を信用し、必死に耳を傾けて事故の状況を知ろうとした。最初はこうしたアカデミズムの権威に耳を傾けていた人々も、産業界と学界やマスコミとの癒着関係が明らかになるにつれ、若い世代を中心にいわゆる「御用学者」への不信が広がった。逆に癒着とは無縁な「反原発学者」に注目が集まり、三・一一以降日本は「本当のこと」を求めて世論の全国的な分裂状態に陥った。こうした状況のなかで改めて問われたのが科学と社会の関係、つまり社会全体が何を信じてよいのかわからない危機的な状況のなかで、人々が信じるに足る根拠はどこにあるのかという「信の次元の在りか」の問題だった。

基本的にはコントの社会＝科学論が問題としたのも、人々の信仰＝信頼の問題だったように思う。コントの主張は「科学の権威に無知な民衆は従え」という風に聞こえるが、彼の視点はもっと日常的なところにある。例えば、呪術師と医者、占星術師と天文学者がいれば君たちはどちらを信用するだろうかというかなり素朴な話をコントはよく口にする。放射線医学もニュートリノも自分で検証したことがなければ、科学の制度や専門家を信用するしかない。これは、知識の落差が権威＝信頼を生むという現代でも社会学ではおなじみのテーマだ。だがコントにとってもう一つ重要なのは、民衆は専門家に従わざるをえないが、専門家も信頼されるように振る舞うべきだという倫理の問題である。原発産業から献金を受けている科学者の言葉など誰も信用しない。人々は科学的論証ではなく、その言葉を語る人格に信の根拠を置くからだ。晩年にコントが人類教を唱え出し、（科）学者を司祭へと昇格させる理由も、実はこの「信頼」問題にかかわってくる。だが、そろそろこの長い解説も閉じなければならないところにきてしまった。

ただその前に、一つだけ訳語の問題について述べておきたい。コントの鍵概念である社会物理学（physique sociale）に関して、その前段階にある生物学（生理学）との結びつきを重視する市野川容孝は、有機体よりも無機体との繋がりを連想させる「社会物理学」という訳語は誤訳だと指摘し、それに代えて「社会の実証科学（ないし形而下学《フィジック》）」という訳語を提案している（『社会』岩波書店、二〇〇六年、一五二頁）。

この指摘は重要である。確かにコントはphysique socialeを「種の生理学」（『起源』）とも呼んで無機的科学と区別しており、この概念が形而上学《メタ・フィジック》批判を念頭に造られたものだったのは間違いない。ただ、十八世紀思想風に「社会自然学」と訳すことも考えたが、熟慮の末、このコレクションでは従来通り「社会物理学」と訳した。

その理由は文脈上の問題のためである。例えば、コントは天文学から化学までを「無機体の物理学」と総称し、それに対して生理学とphysique socialeを「有機体の物理学」と呼んでいる（『起源』、二二三－二二六頁）。あるいは天文学から生理学までを、天体物理学、地上物理学、植物物理学、動物物理学と呼び、その延長上にphysique socialeを位置づけたりしている（本巻、三〇頁）。市野川の訳語はphysique socialeの単語だけを取り出せば適用可能なのだが、これらの文脈に当てはめようとすると、どうしても周辺の概念とのつながりが逆に見えづらくなってしまう。それゆえ、コント自身がこの概念に込めた意味（同、三〇－三一頁）を優先させることにし、訳語は従来のままにした。

最後になったが、昨年のマチエ『革命宗教の起源』に続きこの翻訳でも多くの方々の協力をいただいた。とりわけ、長年お世話になっている法政大学の安孫子信先生をはじめ、長谷川悦宏氏、田口雄一郎氏ら大学院ゼミナールの方々からは、訳語の選定や概念の解釈などに関して貴重なアドバイスを頂戴した。また、年末のご多忙中にもかかわらず、『ソシオロジーの起源へ』の「解説」を二つ返事で引き受けてくださった市野川容孝先生、そして文献資料の収集で協力を仰いだ一橋大学社会科学古典資料センターの福島知己氏には、それぞれ厚くお礼申し上げたい。そして、常に仕事が遅れがちな私の背中をいつも押してくれた――そして時には鞭を入れてくれた――白水社の竹園公一朗氏にはいつもながら感謝申し上げる。

訳者

二〇一三年八月

白水iクラシックス発刊にあたって

「この現にあるがままの世界が最善のものであるとすれば、さらに幸福な将来を望むことはできない」。

一七五五年十一月一日、巨大な地震が西ヨーロッパを襲いました。とりわけ、当時繁栄を極めたポルトガルの港湾都市リスボンでは、数次にわたる激震と、それに伴う津波と火災で多くの犠牲者を出しました。冒頭の言葉は、リスボンの被害に衝撃を受けたヴォルテールの所感です。かれの悲痛な叫びによって、この地震の評価は論争の焦点となり、ここに次なる時代を導く新たな萌芽が顕在化してきました。

白水iクラシックスは、哲学・思想の古典をアーカイブしてゆく叢書です。収録される古典はどれも、ある社会の岐路に可能性として萌し、世代を越え時代を越え、思いがけない枝を伸ばしながら実を結び、そして幾たびも蘇ってきた、いわば思惟の結晶といえるものです。

いま「幸福」と「希望」の根源的再考が求められています。〈i＝わたし〉を取り巻く世界を恢復する一助として、この叢書が資することを願っています。

二〇一二年三月十一日　白水社

杉本隆司（すぎもと・たかし）
一九七二年生まれ。一橋大学大学院社会学研究科博士課程修了。博士（社会学）。ナンシー第二大学ＤＥＡ課程修了。現在、一橋大学大学院社会学研究科特別研究員。主な著訳書に『社会統合と宗教的なもの――十九世紀フランスの経験』（共著）、マチエ『革命宗教の起源』（以上、白水社）があるほか、ド・ブロス『フェティシュ諸神の崇拝』（法政大学出版局）を翻訳して日仏社会学会奨励賞を受賞。

〈白水ｉクラシックス〉
コント・コレクション

科学＝宗教という地平

二〇一三年九月五日印刷
二〇一三年九月三〇日発行

著者　オーギュスト・コント
訳者©杉本隆司
装丁　緒方修一
発行者　及川直志
発行所　株式会社白水社
電話　〇三－三二九一－七八一一（営業部）七八二一（編集部）
住所　〒一〇一－〇〇五二　東京都千代田区神田小川町三－二四
http://www.hakusuisha.co.jp
振替　〇〇一九〇－五－三三二二八
印刷所　大日本印刷株式会社
製本所　大日本印刷株式会社

乱丁・落丁本は送料小社負担にてお取り替えいたします。

Printed in Japan
ISBN978-4-560-09610-9